U0036085

# 史上最好學又好用的陽宅學

葉民松 教授◎著

# 自序

夫風水者，源遠流長，肇始以還，已歷數千寒暑，古《黃帝宅經》曰：「地善，苗茂盛，宅吉，人興隆。」晉郭璞《葬書》中首倡：「風水之法，得水為上，藏風次之。」悉為此中之先驅。《周禮》司徒篇中：「…以相民宅而知其利害，…」則為相民宅之始祖，繼之，復經各代賢士的鑽研、發揚，終成大集。

風水旨在探討天地之理，故對空間時間多所著墨，然欲洞悉天地間滋生諸多之現象，務必熟知「宇宙」、「時空」、「五術」、「方位」以及「磁場」等道理，然後對宅樓風水之論斷方有裨益。

時下在寸土寸金都會區中，第因宅樓櫛次鱗比，多有沖煞凶相，然欲得完整無瑕（邪）宅樓，誠乃匪易，故為期主居者能趨吉避凶，修身養德為首，復恃風水之法以遂其願，實為不二法門也。

因需求者眾，乃促成風水之學興起，猶似雨後春筍般風靡寰宇。揆諸風水的盛行，謹以一愚之得，拋磚引玉，獻曝拙著，期為殷需者濫觴，遂其宅居得享安祥，更盼與同好切磋，俾得「愚者闇於成事，智者見於未萌」（語出戰國策．趙策二）宏觀之思維。筆者學識譾陋，外誤漏植難免，乞勞先進惠賜斧正，俾便補植是禱！

本書捉蟲的艱巨大任，全由摯友蕭瑞美小姐費神、細心詳加讎校而竟全功，特此深致謝意。

葉民松謹識
戊子年臘八

目次CONTENTS

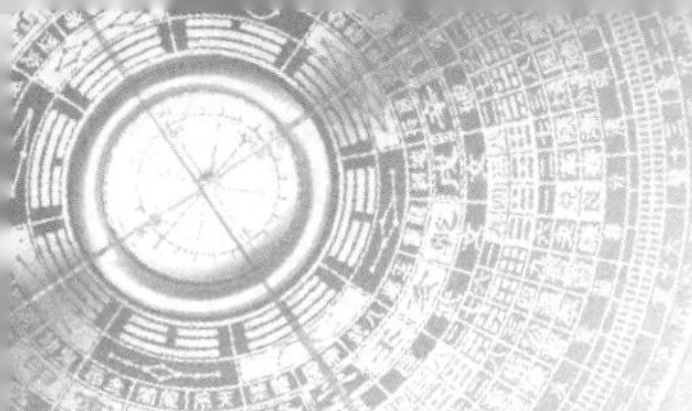

## 第十章　宅屋風水（二）



## 第十一章　商用大樓風水





## 附錄

# 第一章 緒論

在未進行討論居家風水之前，我們必須先對風水有關的各項問題，略做說明，免得會有以訛傳訛、結果迥異的疑惑事情發生，造成人們既虛耗精神、時間又浪費金錢，那就太不值得了。

按常理來說，宅樓的結構、形狀，往往會關係到居住者運勢的吉凶，是以在討論陽宅風水時，自然就佔有很重要的地位了。

有鑑於此，我們特別在本書之中，將一些比較容易發生而會影響到宅樓吉祥、凶煞的各種情況，特地提出幾種詳細加以縷述，以便讀者知道如何去規避，甚至於還可以DIY加以紓解出煞，從而才能求得乙座安穩、吉祥的宅樓。

# 第一節 楔子

於現實世界中，所有的問題，總有正反不同的看法，風水的觀點當然也不例外，比如有些設施某一派大師認為在吉方位好，但另一派大師則持相反的看法，而認為在凶方位會比較好，誠是南轅北轍，大相逕庭，使得我們在運用時難於適從。

秉此原則，本書在所有論述當中，俱將不同派別對風水的觀點、論斷，盡可能兼籌並顧加以納入，故而在運用時，僅能由讀者自行慎重比較，再加以定奪，庶免衍生一些不必要的後遺症。

在寰宇之中，萬物皆有其緣，宅樓亦然，蓋人有人緣，屋也有屋緣，任何的宅樓，祇要自己有緣、喜歡、合適，而不太在意一些「房」事的禁忌時，那麼就大可放心、安心地在此定居了。

不過有些人凡事企求完美，尤其是宅樓更要求舒適、順心、健康、人丁興旺等，凡此就得花費精神、金錢為「房」事而大費周章；果是屬於這類完美型的讀者，方有必要深入探究本書的內涵，甚或一頭栽進而浸淫在浩瀚深奧風水領域之中，以期對己身的「房」事能有所裨益，甚或諸事必得如願、順遂。

但若凡事抱持得過且過的心態，並不太熱衷於（信任）風水的論斷，也不介意「房」

事的旺吉凶兆之人，只好「休」書，而不必大事虛耗寸陰寸金的時間，而猛K本書或類似之大作了。

凡人居住的宅屋或使用的辦公大樓（以下簡稱為宅樓），如果能建構在所謂的「龍穴」寶地上，加上有好的方位，再配合主居者的生辰八字時，則必得旺吉大利，財帛滾滾，人丁興旺，庇蔭子子孫孫世世榮華富貴。

一般上，宅屋與商用辦公大樓（合稱宅樓）的方位容易選定，主居者的八字亦易於配合，唯有「龍穴」寶地，則為可遇不可求，而非人人皆可得到的。不過我們可以從尋找吉祥的宅樓著手，希望也能藉此達到心靈平靜、財源廣進的主要鵠的。

基於這個緣由，筆者特撰寫本書，旨以揭櫫如何堪輿、改善宅樓、排除屋煞、解決厄運的方法，以期能對讀者的家居生活，營商運勢有所裨益。

本書雖然標榜，凡人遇有「房」事的問題時，都可以四兩撥千斤地使用既經濟又簡便的DIY（Do It Yourself）逕行加以處理，但若對問題不甚了解或感到棘手，而難於親自動手排除時，畢竟風水頗為奧妙，且有其信賴度。

因此，當務之急，儘速委請大師指點迷津，火速妥為處理解決，企望能求個心安，方為上上之策。

## 第二節　風水

所謂「風水」，乃鑽研時間與空間的學問，淮南子天文訓上說：「上下四方謂之宇，往古來今謂之宙」。上下四方即空間（天地），而往古來今即時間，故而「宇宙」也者乃表示空間時間。

宇宙既然是由時間和空間所化成的，而時間是無窮的，空間也是無盡的，因此，兩者化成無窮無盡的宇宙。所以如果要理解宇宙間所發生難以理喻的各種現象時，則有必要了解時空之理論，此即風水學所欲探討的首要之目的也。

在入世（陽宅）的風水觀中，其主要著墨的重點，乃是如何尋求吉利的宅樓，俾使主居者或使用者心靈得以平靜，抑或能夠生意興隆，凡事獲致「趨吉避凶」為首要之務。

如果宅樓容有所謂的「沖煞凶相」時，此對主居者或使用者而言，其日常生活起居、商業活動、心靈髮膚、功名事業等，在在恐會暗藏著有形抑或無形的影響。

處於二十一世紀的今天，人們的生活日趨緊張忙碌，壓力亦因之而大增，並常存有頗為嚴重的挫折疏離感，故為求得心靈上的慰藉，財源更能益加廣進，不得不依賴風水的論斷來達到這個期望，因而也導致人們對風水學的探討，非但越來越興盛、熱絡，同時更為

大家所重視的。

宅樓風水的吉凶，對我們既有如此密切的關係，因此，我們千萬不可忽略對風水理論的探究。是以爾後更應審慎建構、妥適改善宅樓的方位，形體與周遭的環境，冀期能夠求得吉祥宅樓，庶免招致居則難安，出則納險，甚或身敗名裂，禍延子孫的厄運。

## 第三節 風水論斷法

談到宅樓的風水，大抵都針對住宅、商用大樓的方位，形體與環境加以研討，並據以論斷其宅樓之運勢。至於所使用的方法則有「三元派」、「三合派」等多種派別，派別雖互有不同，唯仍可加以歸納為「形勢」與「方法」兩項大原則。

「形勢」類似「巒頭」的說法，旨以大環境中之山形、地勢以及河川水流等有形態的物體做為判斷依據的方法。因此，要以住宅大樓之位置、形體以及環境等諸項因素，予以併加衡量、評斷。

「方位」則類似「理氣」的說法，係指宅屋、門窗和擺設等方向為無形體，亦即在沒有形態之下，運用「奇門遁甲」術的十天干與八門的組合加以判斷。由於無形的氣，瀰漫在空間之中，除非深入予以探討，否則，任誰要了解也較為困難。

至於應如何論斷宅樓的風水，一般上可以歸納為下列幾個要點：

**1．測定屋向**

可以使用羅經盤來推定宅樓的坐向。

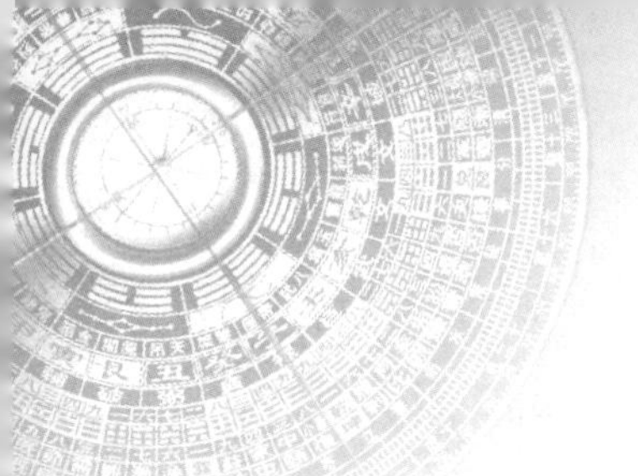

2．**詳看宅樓格局**

察看時，要包含大門、玄關、主臥房或主管辦公室、客廳（接待室）、書房、床鋪、廚房、灶位、廁所以及浴室等房間的格局、方位。

3．**勘察外圍環境**

要看看宅樓基地的地形、地質、道路、橋樑、山丘以及河川溝渠等的各種情況。

我們在論斷宅樓的風水時，如果能秉持前述這幾個要點，則必定可以找到稱心如意、吉祥大利的宅樓了。

## 第四節 羅經盤淺釋

羅經盤一般稱為羅盤，又稱羅經（經台語讀為庚），它在「五術」中的「奇門遁甲」必須用到，而在「陽宅相術」中也不可或缺，所以是測定宅樓方位的一種最主要器具，也唯有使用羅盤，才能方便正確地測出宅樓吉利的方位。

羅盤的形狀有大有小，外盤的艮（東北）方均附有左右與上下兩座水銀水平儀，盤面也都裝有尼龍或棉紗粉紅十字線，中央置有圓形透明玻璃部分稱為「天地」，裡面裝有一支磁鐵製成的海底針或稱指北針，北方定向用的兩紅點或黑點，以及一條南北定位的紅線。至於內盤（可以旋轉）所刻繪的層次，依用途也不盡相同，有十一層者，十九層者等多種型別，雖然部分層次不同，但是有幾個層次的刻繪則為相同，其中最外層均為三百六十度之刻度，最裡層都是「五術」的八卦，當然最重要的八方、二十四方位更是不能夠缺少的。

我們在使用羅盤時，應該注意下列幾個主要的動作：

**1・不可搖動**

羅盤的內盤切勿前後左右搖動，旋轉時必須要滑順、平穩。

**2．用大拇指旋轉**

於站好位置，羅盤水平擺妥後，使用大拇指緩慢旋轉內盤，一直到海底針穩定的指向離方（南方）為止。

**3．十字線完全重疊**

其次，旋轉內盤刻繪之子午（北南）、卯酉（東西）線與外盤中心之尼龍或粉紅十字線完全重疊。

**4．旋轉內盤**

再其次，旋轉內盤九十度或一百八十度，使得子、午、卯、酉之刻繪線同樣與外盤之十字線重疊後，則此羅盤才能開始使用。

**5．注意海底針位置**

在天地中，海底針有頭的一端，務必要介於盤中兩紅點或兩黑點之間，要不然南北方位便會相反。

**6．務必要保持水平於測定宅樓中心點、方位時，羅盤最好能夠保持水平平放。**

羅盤最實用的一層，為二十四山位或稱二十四方位，它是做為我們測定宅樓坐向的主要用具。

下圖一為羅盤定位法之示例。此例為坐子（北）朝午（南）的房子，測定時羅盤必須與宅樓保持平衡，並以二十四方位這一層來定宅樓之方位。

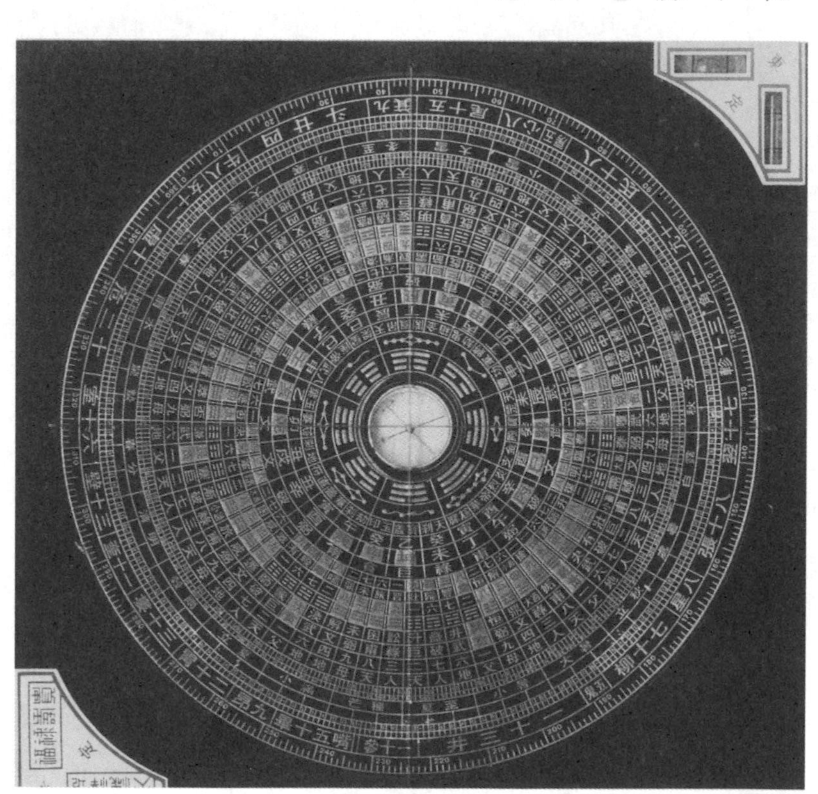

圖一 羅盤定位法示例

## 第五節 八卦（宮）圖示

我們知道，在自然界的演變中，太極生兩儀（陰陽），兩儀生四象，四象則生八卦，而乾、坎、艮、震、巽、離、坤、兌即為八卦，它又代表八個宮，同時也代表著八個方位，依序為西北、北、北東、東、東南、南、南西及西等八個方位。

八卦（宮）的圖示，特繪製如下圖二所示。

南

| 巽 | 離 | 坤 |
|---|---|---|
| 震 | | 兌 |
| 艮 | 坎 | 乾 |

北

圖二 八卦（宮）圖示

八卦（宮）圖中有關的符號，特加以說明如下：

1．乾為金宮　2．坎為水宮

3．艮為土宮　4．震為木宮

5．巽為木宮　6．離為火宮

7．坤為土宮　8．兌為金宮

## 第六節 喬遷須知

無論是新建宅屋、商用大樓，購買宅樓或租賃宅樓都必須要喬遷（搬家），喬遷是一件大事，所以必須妥為規劃如何搬遷，家具應如何擺設，使得來日的家運能夠昌隆，事業得以順利，學業會更加進步。因此，我們在搬家的時候，應該要特別留意下列幾個事項：

**1・打掃乾淨**

不管是新蓋宅屋抑或是舊宅屋，在未入住之前，必須先加以打掃乾淨，如果貼有符咒也應取下來，選擇在下午三點至五點之間加以火化，以求清淨。

**2・新房先淨宅**

可以選擇在搬家的前三天開始，最簡便的方式，即使用半小碗鹽米與一支掃把，由屋內向屋外的四周灑淨，掃把則乘勢向外掃。

如果無法在搬家之前先淨宅時，那麼也可以在搬入新家後，連續七天在家中點燃檀香，如此亦能達到淨宅的功能。

**3．神明或祖先牌位**

家中如有供奉神明或祖先牌位，在搬家之前，必須先上香詳告將要搬入新家確切的地址，並在中午以前使用新的紅紙將神明裹住，祖先牌位則用紅色謝籃（竹子或塑膠製成的）加以裝好。

**4．孕婦勿搬**

為避免冒犯胎神，影響胎兒的安全，家中有孕婦時，除非有迫切必要，要不然最好不要搬家，否則，孕婦也不要參與搬家的工作，以免勞累過度，影響到孕婦與胎兒的安全。

**5．祭拜神明、祖先**

祭拜時，通常準備三牲、四果供奉神明，而祖先則準備十二道菜碗就可以。

**6．祭拜宅神**

於搬家當天下午二點至三點之間，需要祭拜宅神，宅神又稱地基主或開基主，因宅神並無神像或牌位，所以可放在廚房向屋前祭拜就可以。

**7．喬遷之後**

為了熱鬧的人氣，以及有旺宅的效果，可以在搬家當天請一些朋友到家中來相聚，當天晚上亦需燈火通明，俾使宅氣更加旺盛。

至於入宅或搬遷的日期，原則上農曆七月是不能夠搬的，適宜日期可查閱黃曆上面，書寫文字最多的一欄，即詳載「選擇吉日良辰」欄位上的「移徙」、「入宅」都合適，或可商請大師代為擇定，以便能夠討個吉利。

# 第二章　宅樓的方位

在本章宅樓方位的論述之中，我們將先討論宅樓中心點如何測定，其次縷述方位有關的問題，並利用例題予以圖示中心點的求法，以便幫助讀者的瞭解，並得以DIY予以處置。

# 第一節 中心點及其求法

宅樓或基地的中心點，為陽宅相術與地理相術，兩者做為論斷其吉凶之用。所以宅樓或土地找不到中心點時，顯然大為不利，終究會難有好的運勢。

我們在測定宅樓、基地方位之前，先要將它的中心點定出來，然後始能利用羅盤正確地來訂定其方位，是以若中心點有欠準確，則所求得的方位自然也會產生誤差。

宅樓或基地的中心點，顧名思義，乃為整棟宅屋、整座大樓或整塊基地的中心，不過因宅屋、大樓、基地有時候並非正方形，或有前凸後凹不平整的情形，以致於一般人誤認找中心點有困難，但如能將凹凸不平部分予以平整化，則其中心即為中心點了。

一般上，中心點的定位，應該遵循下列幾個重要的原則：

**1・劃對角線**

如果為平整宅樓或基地時，由其四個角分別劃出對角線，則此兩條對角線的交點，即為其中心點。另外，也可以由其四邊的中點，各向對邊劃出一條連線，則此兩線的交點即為其中心點。

**2．先平整化**

宅樓或基地，如果有凹凸不平的部分，則先將其平整化後，再依前法劃出其對角線或中心線，即可求得其中心點。

**3．中心點在主屋**

宅樓的中心點在主屋，別棟或附加的屋宇，仍以主屋為中心來測定它的方位。

**4．主屋中心點為主**

在主屋之外的他棟（座）宅樓，可另行劃出其中心點。然因中心點在主屋中，故此中心點要以主屋之中心點來探討其方位。

**5．高樓中心點在一樓**

高樓大廈的一、二樓，其中心點是在一樓，而三樓以上部分的中心點，則另當別論。

**6．難求的中心點**

如為回字型格局的宅樓，則很難求出其中心點。但因中間部分為天井，並屬於自己的空間，則亦無妨。

底下我們特別附上四個圖形，以做為表示宅樓中心點的求法：

（1）**規則形狀**

此種形狀的宅樓，其中心點很容易求得。求法如下：

（i）正方形或長方形四角對角線（圖中實線部分）的交點即為宅樓中心點。

（ii）正方形或長方形四邊中點連線（圖中虛線部分），即為宅樓中心點。

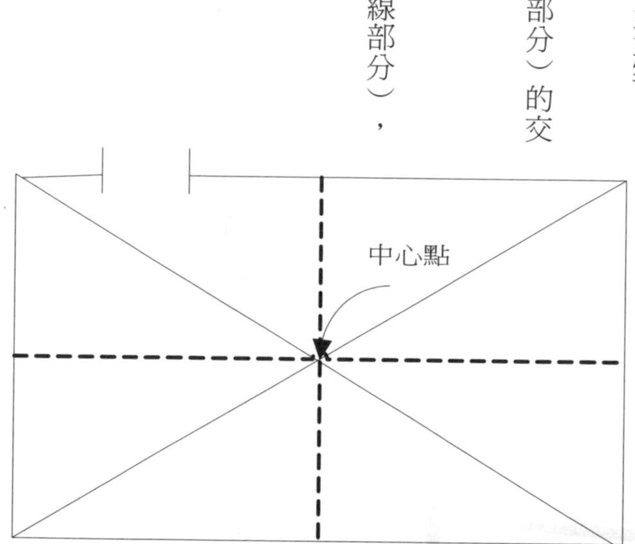

**（2）凸出凹入形狀這種形狀的宅樓，其中心點的求法，分為下列三個步驟：**

（i）首先將凸出部分ＡＢＣＤ補到凹入部分ＤＥＦＧ，如圖中陰影的部分。

（ii）ＣＫ與ＪＥ對角線的交點即為宅樓中心點。

（iii）ＨＩ與ＤＬ中點連線的交點即為宅樓中心點。

A B
C D E
F G
中心點
H I
J L K

### （3）凸出凹入形狀之另一種求法

這種形狀的宅樓，其中心點的求法，分為下列三個步驟：

（i）首先延長四邊形兩邊AB、JE至C，求得CI的中心點F。

（ii）將缺角一邊延長至D，求得IE的中心點H。

（iii）連接FH，則其連線中點即為所求宅樓之中心點。

## （4）形狀比較不規則

這種形狀的宅樓，其中心點的求法，分為下列三個步驟：

（i）先將上下兩邊缺角部分加以平整，如圖中虛線的部分。

（ii）再分別劃出三個四邊形的對角線，其交點分別為Ａ、Ｂ、Ｃ。

（iii）最後求出三角形ＡＢＣ的中心點，即為所求宅樓的中心點。

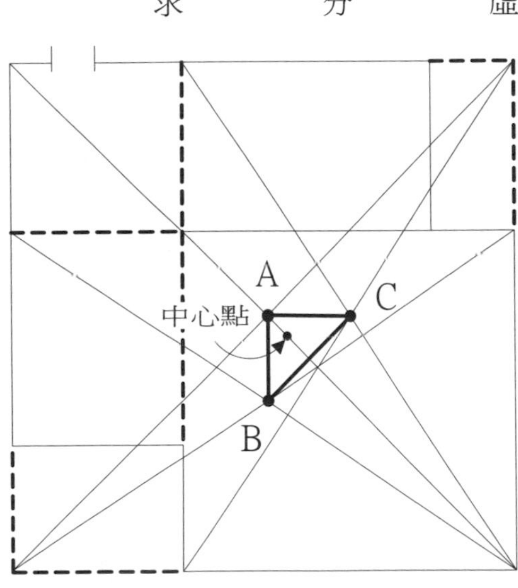

宅樓的中心點極為重要，中心點如在房間時，則此房間不可設廚房、衛浴或儲藏室，可做為主臥房或主管的房間，否則，運勢必會不佳，甚或營運會發生困難。

宅樓的中心點，最好是位在客廳，不可位在走廊、通道或空著的地方，如為空地時，不能堆積雜物，這樣會導致家運難於發揮。

如果中心點是在宅屋角落，可以放置常青植物盆景，使得中心點能夠生氣蓬勃、綠意盎然。其他如中心點剛好位在樓梯時，應該設法把樓梯移走，改放植物盆栽。

## 第二節 方位的分法

宅樓或土地方位的分法，依五術中的「奇門遁甲」可以分為二十四「山位」或稱二十四「方位」，在二十四方位中，每三方位又另成一「方位」或稱「方」，所以全部共有八方，並使用八卦的卦名，分別予以表示。

每一方的角度皆為四十五度，而每一山位則為十五度，並各賦予不同的名稱。各方或各山位的名稱，以及所代表的位置，特別加以彙列於下：

**1．坎方（北方，零度或三百六十度）。**

壬：正北方偏西北位置。

子：正北方中央位置。

癸：正北方偏東北位置。

**2．艮方（東北方，四十五度）。**

丑：東北方偏正北位置。

艮：東北方中央位置。

寅：東北方偏正東位置。

**3・震方（東方，九十度）。**

甲：正東方偏東北位置。

卯：正東方中央位置。

乙：正東方偏東南位置。

**4・巽方（東南方，一百三十五度）。**

辰：東南方偏正東位置。

巽：東南方中央位置。

己：東南方偏正南位置。

**5・離方（南方，一百八十度）。**

丙：正南方偏東南位置。

午：正南方中央位置。

丁：正南方偏西南位置。

**6・坤方（西南方，二百二十五度）。**

未：西南方偏正南位置。

坤：西南方中央位置。

申：西南方偏正西位置。

**7・兌方（西方，二百七十度）。**

庚：正西方偏西南位置。

酉：正西方中央位置。

辛：正西方偏西北位置。

**8・乾方（西北方，三百十五度）。**

戊：西北方偏正南位置。

乾：西北方中央位置。

亥：西北方偏正北位置。

# 第三節　方位的圖示

在本節中，我們特別把八方、二十四方位（山位）之位置，利用下列圖形予以表示其位置：

一般上，我們在方位上的表示，係以坎（北）方在上方，唯因「五術」的思想，乃以自然現象為主體，故而與上圖的表示方法完全互異，下圖為八方二十四方位角度圖：

八方和二十四方位角度圖

八方和二十四方位位置圖

## 第四節 宅樓方位分法實例

在本章末了，我們特別繪出二個宅樓的實例，用資說明八方位、二十四方位和宅樓中心點彼此間之關係。

八方和二十四方位圖（一）

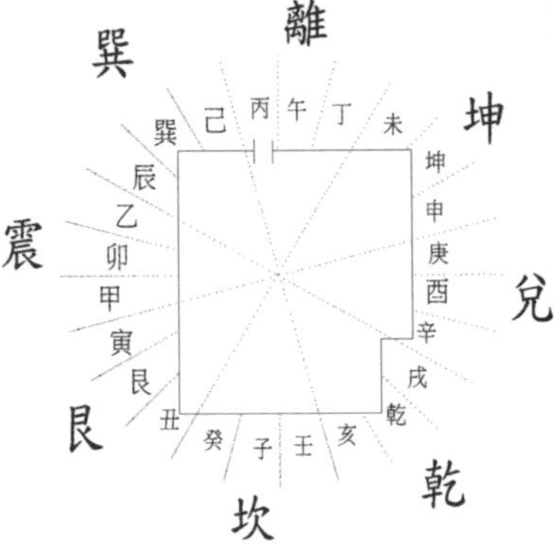


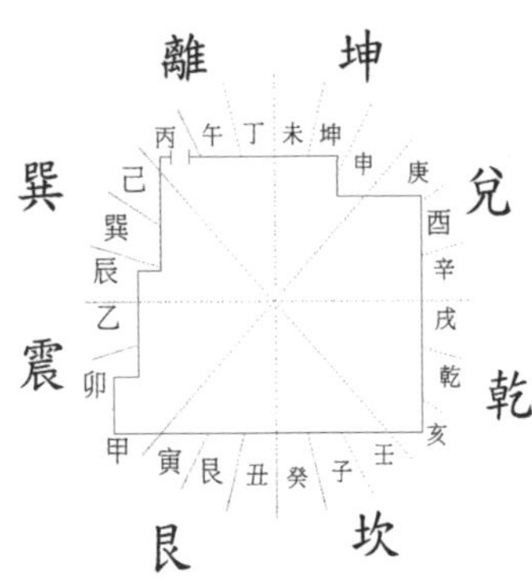

# 第三章　財位、文昌位與桃花位

在本章之中，我們將說明與大家最有切身關係，而又最關心的三個問題，一為財位、二為文昌位、三為桃花位催旺的方法，以及一些應該加以注意避免的事項。

# 第一節　財位

宅樓中的財位，乃攸關個人、家人與企業的財運問題，故為一般人所最關心而亟欲瞭解的重要課題。

在本節中，我們將討論財位的求法，以及一些禁忌。同時也花了很大的篇幅，用來介紹另一門派大師對於財位有關的論述。

通常宅樓的財位，乃位於大門入口對角線的左邊或右邊，為期能獲得財神爺眷顧，財運得以亨通，所以必須設法生旺財位，祈求家肥屋潤，下列幾項禁忌不得不加以留意與規避的。

**1．欠缺靠山**

財位後面必須要有靠山，如牆壁才可以藏風納氣，累積財富。千萬不可是空的或玻璃隔間，或是窗戶，這些都沒有靠山，不但容易犯小人，而且又耗財。

**DIY紓解法：**

（1）利用櫃子加以遮擋。

（2）窗戶宜用窗簾予以遮住。

**2．橫樑壓頂**

財位如被小於20公分的橫樑壓到倒無所謂，但如橫樑大於20公分時，財位一旦受壓，象徵家人賺錢辛苦，千方百計才能掙到錢財，也有可能被錢財迫得走頭無路。

**DIY紓解法：**

（1）在橫樑兩側各放置水晶柱，用於示意有人代為擔樑。

（2）於財位上擺放麒麟，用資招財進寶。

**3．暗淡無光**

財位本來就應該生生不息，源源不絕，所以光線明亮自然生氣蓬勃，如暗淡無光，當然就顯得死氣沉沉，光線進不來，財神爺自然也就不會來眷顧了。

**DIY紓解法：**

使用適宜的燈光，以增加財位的照明。

### 4．不宜髒亂

財位一定要保持清潔乾淨，不可以堆放諸如掃把、垃圾筒等之類的物品，也不可以放置一些雜七雜八的東西，要不然就表示此人不善理財，甚或會失財。

**DIY紓解法：**

將雜物等加以清除乾淨，再擺上聚寶盒。

### 5．尖角對到

財位萬一被大櫃子的尖角對到，便形成直接沖煞，直接會影響到家中的財運，甚至於業務的推展亦將大受影響。

**DIY紓解法：**

（1）設法將大櫃子移開。

（2）於財位上放置一只水晶圓球，以化解煞氣。

### 6．門口樓梯

我們知道，財宜靜不宜動，財位如果位在門口或樓梯口時，因這兩者概為人員進進出出的地方，容易造成錢來錢去，而有守不住錢財的困惑。

**DIY紓解法：**

（1）在門口鋪上紅地墊，並在它的下面放置五帝錢【註】來鎮宅。

（2）把樓梯整理潔淨，而在樓梯間擺放麒麟或水晶洞。

【註】：五帝錢為清朝五位皇帝所發行的錢幣。

相對於財位上述這些禁忌，同樣地，財位也有下列這幾項很值得我們去留意遂行的。

**1．臥房最宜**

一般人常言錢不露白，財位如果位於房間，尤其是在主臥房，則對財運當有很大的裨益，此因我們人的一生有三分之一之歲月是在臥房度過的，日積月累之後，財運自然會亨通。

**2．客廳亦宜**

財位乃為全家人財氣所聚集的方位，如果位於客廳又剛好是在沙發上，則全家人在休憩、娛樂、談天說地話家常當中，不知不覺即可沾染到財氣，使得家中財氣更加旺盛。

### 3．廚房不錯

廚房本身即為財庫，財位也可以位在廚房，不過廚房大部分都是女主人在使用，因此，家中的財務，不妨由女人來負責管錢，也是一件很理想的理財舉措。

### 4．財位的擺設

財位最好擺一些比較有生氣而大葉或圓葉的植物，以代表生生不息，或者也可以放置存錢筒、聚寶盆，象徵累積財富，除此之外，還可以擺一些吉祥物。

底下我們就對流年財位的求法，提出詳細的作法加以介紹。

流年財位的求法，係以玄空飛星，又稱紫白飛星或九宮飛星來求得的，其原理乃以宅樓地基座山（方位）入中宮順風，而求出方位如財位、文昌位、桃花位等各種不同的方位，所以各年的流年都不會相同。

下面特別繪出未來十年（民國98年至107年）的九宮飛星圖，以供讀者參考擇用。

【說明】：

1．一白為桃花星，可招好人際關係。

2．二黑為病符星，亦為勞動方位。

3．三碧為是非星，與人相處容易發生衝突。

4．四綠為文昌星，指考運、工作升遷。

5．五黃為大煞星，不宜動土、施工。
6．六白為武曲星，亦為驛馬星，適合遷徙。
7．七赤為破軍星，為損財、破財的方位。
8．八白為財旺星，主旺財的方位。
9．九紫為喜慶星，適宜各種喜慶。

| | | |
|---|---|---|
| 巽<br>八白<br>財旺星 | 離<br>四綠<br>文昌星 | 坤<br>六白<br>武曲星 |
| 震<br>七赤<br>破軍星 | 中宮<br>九紫<br>喜慶星 | 兌<br>二黑<br>病符星 |
| 艮<br>三碧<br>是非星 | 坎<br>五黃<br>煞星 | 乾<br>一白<br>桃花星 |

民國98（己丑）年九宮飛星圖

| | | |
|---|---|---|
| 巽<br>七赤<br>破軍星 | 離<br>三碧<br>是非星 | 坤<br>五黃<br>煞星 |
| 震<br>六白<br>武曲星 | 中宮<br>八白<br>財旺星 | 兌<br>一白<br>桃花星 |
| 艮<br>二黑<br>病符星 | 坎<br>四綠<br>文昌星 | 乾<br>九紫<br>喜慶星 |

民國99（庚寅）年九宮飛星圖

| 巽<br>四綠<br>文昌星 | 離<br>九紫<br>喜慶星 | 坤<br>二黑<br>病符星 |
|---|---|---|
| 震<br>三碧<br>是非星 | 中宮<br>五黃<br>煞星 | 兌<br>七赤<br>破軍星 |
| 艮<br>八白<br>財旺星 | 坎<br>一白<br>桃花星 | 乾<br>六白<br>武曲星 |

民國102（癸巳）年九宮飛星圖

| 巽<br>六白<br>武曲星 | 離<br>二黑<br>病符星 | 坤<br>四綠<br>文昌星 |
|---|---|---|
| 震<br>五黃<br>煞星 | 中宮<br>七赤<br>破軍星 | 兌<br>九紫<br>喜慶星 |
| 艮<br>一白<br>桃花星 | 坎<br>三碧<br>是非星 | 乾<br>八白<br>財旺星 |

民國100（辛卯）年九宮飛星圖

| 巽<br>三碧<br>是非星 | 離<br>八白<br>財旺星 | 坤<br>一白<br>桃花星 |
|---|---|---|
| 震<br>二黑<br>病符星 | 中宮<br>四綠<br>文昌星 | 兌<br>六白<br>武曲星 |
| 艮<br>七赤<br>破軍星 | 坎<br>九紫<br>喜慶星 | 乾<br>五黃<br>煞星 |

民國103（甲午）年九宮飛星圖

| 巽<br>五黃<br>煞星 | 離<br>一白<br>桃花星 | 坤<br>三碧<br>是非星 |
|---|---|---|
| 震<br>四綠<br>文昌星 | 中宮<br>六白<br>武曲星 | 兌<br>八白<br>財旺星 |
| 艮<br>九紫<br>喜慶星 | 坎<br>二黑<br>病符星 | 乾<br>七赤<br>破軍星 |

民國101（壬辰）年九宮飛星圖

| 巽<br>九紫<br>喜慶星 | 離<br>五黃<br>煞星 | 坤<br>七赤<br>破軍星 |
|---|---|---|
| 震<br>八白<br>財旺星 | 中宮<br>一白<br>桃花星 | 兌<br>三碧<br>是非星 |
| 艮<br>四綠<br>文昌星 | 坎<br>六白<br>武曲星 | 乾<br>二黑<br>病符星 |

民國106（丁酉）年九宮飛星圖

| 巽<br>二黑<br>病符星 | 離<br>七赤<br>破軍星 | 坤<br>九紫<br>喜慶星 |
|---|---|---|
| 震<br>一白<br>桃花星 | 中宮<br>三碧<br>是非星 | 兌<br>五黃<br>煞星 |
| 艮<br>六白<br>武曲星 | 坎<br>八白<br>財旺星 | 乾<br>四綠<br>文昌星 |

民國104（乙未）年九宮飛星圖

| 巽<br>八白<br>財旺星 | 離<br>四綠<br>文昌星 | 坤<br>六白<br>武曲星 |
|---|---|---|
| 震<br>七赤<br>破軍星 | 中宮<br>九紫<br>喜慶星 | 兌<br>二黑<br>病符星 |
| 艮<br>三碧<br>是非星 | 坎<br>五黃<br>煞星 | 乾<br>一白<br>桃花星 |

民國107（戊戌）年九宮飛星圖

| 巽<br>一白<br>桃花星 | 離<br>六白<br>武曲星 | 坤<br>八白<br>財旺星 |
|---|---|---|
| 震<br>九紫<br>喜慶星 | 中宮<br>二黑<br>病符星 | 兌<br>四綠<br>文昌星 |
| 艮<br>五黃<br>煞星 | 坎<br>七赤<br>破軍星 | 乾<br>三碧<br>是非星 |

民國105（丙申）年九宮飛星圖

除此而外，另外有一派大師，對宅樓的財位則持另外一種見解、論述，此處亦將其一併闡釋如下，以供讀者參酌。

一般上，宅樓中所謂的「財」有兩種，一為正財，一為偏財，若論財位，則又各分為宅樓財位、個人財位以及流年財位三種。

# 第二節 正財位

係泛指穩定而正常的收入而言，如果正財運旺，則工作穩定順利，收入有望增加。而正財位即指可增加收入的財富力量，如果能在正財位催旺佈局，則必定會帶來更豐碩而穩定之財富。

在宅樓中，要求各宅樓正財位的位置，可以由下表查得，而據以應用。

宅樓正財方位彙總表

| 宅別 | 座向 | 方位 |
| --- | --- | --- |
| 坎宅 | 坐北向南 | 東方 |
| 震宅 | 坐東向西 | 北方 |
| 巽宅 | 坐東南向西北 | 南方 |
| 離宅 | 坐南向北 | 東南方 |
| 坤宅 | 坐西南向東北 | 西南方 |
| 乾宅 | 坐西北向東南 | 西方 |
| 兑宅 | 坐西向東 | 西北方 |
| 艮宅 | 坐東北向西南 | 宅樓中央 |

至於個人正財方位，則另外彙集於下面，讀者可以自行查閱，以便能夠善加應用。

## 個人正財方位表

| 男性 | 女性 | 方位 |
|---|---|---|
| 0【註】 | 1【註】 | 宅樓中央 |
| 1 | 0 | 西北方 |
| 2 | 8 | 西方 |
| 3 | 7 | 東北方 |
| 4 | 6 | 南方 |
| 5 | 5 | 北方 |
| 6 | 4 | 西南方 |
| 7 | 3 | 東方 |
| 8 | 2 | 東南方 |

【註】：此數為民國出生年度除以9之後的餘數。例如：

（1）民國54年出生男性為：54÷9＝6…餘數為0在宅樓中央。

（2）民國76年出生男性為：76÷9＝8…餘數為4在南方。

（3）民國34年出生女性為：34÷9＝3…餘數為7在東北方。

（4）民國67年出生女性為：67÷9＝7…餘數為4在西南方。

流年正財方位，我們在本節前段已經繪出九宮飛星圖，讀者當可由圖中查出「八白旺財星」方向，即為流年正財位方向，此處不另贅述。

為了加強正財運勢，今後在宅樓裝潢與隔間時，可以根據上述的資料加以規劃、設計。除此之外，還可以利用下列幾種方法來催旺財運。

**1．增加香味**

可以在正財位上，點燃經過加持後的特製神香，使其香味能夠擴散到整個空間，以強化正財之力量。

**2．設置壇城**

在正財位上供養一個壇城，通常可以密宗方法加持過的財神寶瓶來代替，俾得以增添財位旺吉的效果。

**3．明亮空間**

正財位上可以佈置柔和明亮的燈光，如點香燭或燈座，以催化正財位的力量。

## 4・壓寶

在正財位上壓個寶，也是一種甚為不錯的作法，使用兩張紅色百元紙鈔，壓在桌上、床鋪下面、枕頭底下，或是張貼在門板、牆面上面，都有催旺正財運的宏效。另外，有下列幾項禁忌，也會對財運產生不利，所以應該盡量予以規避。

## 1・金屬不宜

不宜在財位上擺設金屬或圓形的物品，此因金屬材質會影響到正財位的能量。

## 2・忌放罐子

正財位上忌放空罐子或箱子，這些物品會削弱正財位的磁場，對財位會產生不利。

# 第三節 偏財位

除了個人、家人正職收入以外，其他諸如投資股票、基金、彩券或摸彩的額外（不可預期）收入，都歸類為偏財。與正財一樣，偏財也分宅樓偏財位、個人偏財位與流年偏財位三種，特將其彙總如下列各表：

宅樓偏財方位彙總表

| 宅別 | 座向 | 方位 |
|---|---|---|
| 坎宅 | 坐北向南 | 北方 |
| 震宅 | 坐東向西 | 東北方 |
| 巽宅 | 坐東南向西北 | 西方 |
| 離宅 | 坐南向北 | 西南方 |
| 坤宅 | 坐西南向東北 | 南方 |
| 乾宅 | 坐西北向東南 | 宅樓中央 |
| 兌宅 | 坐西向東 | 東南方 |
| 艮宅 | 坐東北向西南 | 東方 |

## 個人偏財方位彙總表

| 男性 | 女性 | 方位 |
|---|---|---|
| 0【註】 | 1【註】 | 東方 |
| 1 | 0 | 東南方 |
| 2 | 8 | 宅樓中央 |
| 3 | 7 | 西北方 |
| 4 | 6 | 西方 |
| 5 | 5 | 東北方 |
| 6 | 4 | 南方 |
| 7 | 3 | 北方 |
| 8 | 2 | 西南方 |

【註】：此數為民國出生年度除以9之後的餘數。例如：

（1）民國54年出生男性為：54÷9＝6…餘數為0在東方。

（2）民國76年出生男性為：76÷9＝8…餘數為4在西方。

（3）民國34年出生女性為：34÷9＝3…餘數為7在西北方。

（4）民國67年出生女性為：67÷9＝7…餘數為4在南方。

流年偏財方位彙總表（年度：西元）

| 年度： | 2009 | 2010 | 2011 | 2012 | 2013 |
| --- | --- | --- | --- | --- | --- |
| 方位： | 西南方 | 東方 | 東南方 | 正中央 | 西北方 |
| 年度： | 2014 | 2015 | 2016 | 2017 | 2018 |
| 方位： | 西方 | 東北方 | 南方 | 北方 | 西南方 |

一般上，為了催化偏財位的風水，除開在前面正財位所介紹的技巧之外，也可以針對偏財方位可以遂行下列幾項舉措，以便催旺偏財運。

**1．常綠盆栽**

可以在偏財方位上，擺放金錢樹等土耕闊葉長青植物，並在盆栽土中埋入五色寶石，則催化偏財效果會更加顯著。

**2．晶洞最宜**

如果可行的話，可以在偏財方位上放置米色或淡黃色方形的晶洞礦石，則最能催化偏財位的能量。除此之外，有些禁忌與前面正財位所談到的一樣，另應特別注意，偏財位上不宜放置網狀或有洞物品，如編織物、球拍或米蘿（台語，竹子編）等，以免漏財。擺放魚缸或類似玻璃製品，也有禁忌，這些都會對偏財有不利的影響。

## 第四節　文昌位

宅樓中的文昌位，關係到個人考運、職場升遷與功名等有關的重要問題。文昌係代表智慧、判斷力與分析力的組合，它可以讓人目標更加明確，謀事益為如意。

文昌星又稱文曲星，除了對子女求學考運有關以外，對一個事業能否成功，也具有很大的影響力。

如果流年文昌的位置不好，對個人文昌位就得重新加以考量。個人文昌位通常以四柱八千中，年柱的天干為主，如民國７３年出生，其年柱為甲子，而甲的文昌位即在東南方。

另外，也可以出生的民國年次末位數來看其文昌位，結果都是一樣的，如民國５３年出生，則其文昌位為東南方。

為了方便讀者查閱宅樓文昌方位、個人文昌方位，我們特別將其彙列如下宅樓文昌方位彙總表，以便讀者知所因應。

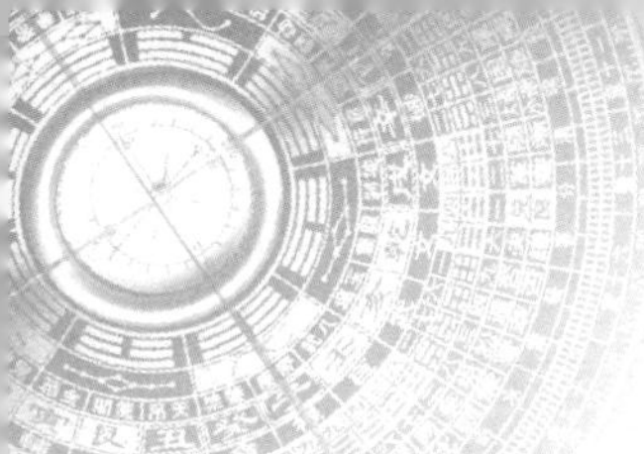

## 宅樓文昌方位彙總表

| 宅別 | 座向 | 方位 |
|---|---|---|
| 坎宅 | 坐北向南 | 宅樓中央 |
| 震宅 | 坐東向西 | 東方 |
| 巽宅 | 坐東南向西北 | 西南方 |
| 離宅 | 坐南向北 | 西北方 |
| 坤宅 | 坐西南向東北 | 東南方 |
| 乾宅 | 坐西北向東南 | 南方 |
| 兑宅 | 坐西向東 | 東北方 |
| 艮宅 | 坐東北向西南 | 西方 |

個人文昌位彙總表（年度：民國）

| 年柱天干 | 年次末位數 | 文昌方位 |
|---|---|---|
| 辛 | 0 | 北方 |
| 壬 | 1 | 東北方 |
| 癸 | 2 | 東方 |
| 甲 | 3 | 東南方 |
| 乙 | 4 | 南方 |
| 丙 | 5 | 西南方 |
| 丁 | 6 | 西方 |
| 戊 | 7 | 西南方 |
| 己 | 8 | 西方 |
| 庚 | 9 | 西北方 |

至於流年文昌位，可以參考前（一）節財位中，九宮飛星圖內之「四綠文昌星」方位，即為流年文昌位。

一般上，為了催旺文昌，或許也可以採行下列的幾種作法：

**1．文昌在客廳**

文昌位正好在客廳時，萬一有事情需要作決定，全家人即可就地加以討論、決定。

**2．文昌在書房**

如果文昌位剛好在書房，則書會讀得很好，考運更佳，謀職、升遷也頗為順利。

**3．到文昌廟拜拜**

可以準備一些芹菜（代表勤快）、青蔥（代表聰明）、豆干（代表官位）、大蒜（代表擅長算術，即數學）、粽子（代表包中）及桂花（代表有貴氣）等生蔬，並繫上紅紙，偕同小孩到文昌廟去拜拜。

拜完回來之後，將上述這些生蔬悉數炒給小孩及全家人共同享用，如此小孩的文昌即會時來運轉，而得每考必中。

**4．催旺文昌**

於知道自己的文昌位或流年文昌位後，便可在此處放置四枝文昌筆或文昌塔，或四棵開運竹或紫水晶。

另外，下列幾項事情，則為文昌位最忌諱，應該設法或盡量加以規避。

**1．不宜在廁所**

此為風水的大忌，蓋因文昌星是專理天下人之功名利祿，不可被污穢，果不然凡事容易出錯，考運與升遷也會不理想。如果文昌在廁所，凡事要常與家人商討，讀書也要額外用心。

**DIY紓解法：**

除廁所要經常保持乾淨之外，可以在馬桶水箱上面，擺放土栽黃金葛盆栽或三顆黃玉石以去穢氣。

**2．不可在樓梯**

因樓梯為動線，文昌不可以在樓梯，意謂著孩子讀書會不專心、不穩定，同時，也代表著職場升遷常常會有變數。

**DIY紓解法：**

設法鎮住文昌，可將樓梯間打掃乾淨後，再擺放麒麟八卦與水晶洞。

## 3．書桌問題

若書桌上方有大樑，讀書不會持久，個性脾氣都會變得毛躁與難於溝通。座位後方是尖角，則筋骨腰背容易出問題。書桌背對著門，孩子讀書不專心，而且會嚴重犯小人，在公司則有人會背叛。最後，書桌也不宜靠窗或背窗，要不然讀書容易分心，注意力不集中，更會造成記憶力不足。

**DIY紓解法：**

（1）使用大型白水晶放在書桌角落上。

（2）可將書桌移開。

除此而外，還有另一派大師對文昌則抱持另外一種看法，此處亦一併加以介紹，以便選擇應用。

**1・宅樓文昌**

在不同坐向的宅屋、大樓中，其書房、客廳、辦公室最適合文昌的位置，特別彙總如下表：

宅樓文昌方位彙總表

| 宅別 | 座向 | 方位 |
|---|---|---|
| 坎宅 | 坐北向南 | 東北方 |
| 震宅 | 坐東向西 | 西北方 |
| 巽宅 | 坐東南向西北 | 宅樓中央 |
| 離宅 | 坐南向北 | 南方 |
| 坤宅 | 坐西南向東北 | 西方 |
| 乾宅 | 坐西北向東南 | 東方 |
| 兌宅 | 坐西向東 | 西南方 |
| 艮宅 | 坐東北向西南 | 北方 |

**2・個人文昌**

乃指個人專屬的文昌方位，不會受宅樓座向、考試年度影響的最佳方位，如果知道自己文昌吉位，進行催旺文昌佈局，不但有利科考功名，而且對職場升遷亦有莫大的助益，個人文昌位亦加以彙總如下表：

**個人文昌方位彙總表**

| 男性 | 女性 | 方位 |
|---|---|---|
| 0【註】 | 1【註】 | 北方 |
| 1 | 0 | 西南方 |
| 2 | 8 | 東方 |
| 3 | 7 | 東南方 |
| 4 | 6 | 宅樓中央 |
| 5 | 5 | 西北方 |
| 6 | 4 | 西方 |
| 7 | 3 | 東北方 |
| 8 | 2 | 南方 |

【註】：此數為民國出生年度除以9之後的餘數。例如：

（1）民國54年出生男性為：54÷9＝6…餘數為0在北方。

（2）民國76年出生男性為：76÷9＝8…餘數為4在宅樓中央。

（3）民國34年出生女性為：34÷9＝3…餘數為7在東南方。

（4）民國67年出生女性為：67÷9＝7…餘數為4在西方。

流年文昌方位彙總表（年度：西元）

| 年度： | 2009 | 2010 | 2011 | 2012 | 2013 |
|---|---|---|---|---|---|
| 方位： | 西南方 | 東方 | 東南方 | 正中央 | 西北方 |
| 年度： | 2014 | 2015 | 2016 | 2017 | 2018 |
| 方位： | 西方 | 東北方 | 南方 | 北方 | 西南方 |

## 3·流年文昌

係針對當年度參加各種考試來增強考運，或職場升遷順遂的文昌應用方位。流年文昌方位，詳細請參閱本章第一節財位中，九宮飛星圖內「四綠文昌星」的方位。

有關文昌催位佈局方法以及禁忌，亦與前法的論述相同。最後，有兩點需要提出特別加以強調，旨因這兩點不同派別大師有不同的詮釋，甚至於南轅北轍，大相徑庭，讀者不得不加以留意。

1·前法明示催動文昌，宜用土栽黃金葛盆栽，而本法則主張使用水耕植物，如黃金葛，兩種說法差異實在太大，請讀者務必慎思明辨（心誠）加以擇用。

2·由本章第一節財位中，九宮飛星圖內，很明顯可以看出，「一白桃花星」與「四綠文昌星」的方位迥然有別，而本法則明言文昌與桃花乃屬於同一個方位。很明顯兩派有不同的見解，蓋因方位不同，結果自會互異，其道理至為明顯。

# 第五節 桃花位

桃花或稱貴人（人際）或驛馬，在人生的際遇上，如果好的財運與好的人際能相伴而生，則必驛馬星動，早日締結連理，步上紅毯；在事業經營上自有貴人相攜，而得飛黃騰達，平步青雲。

一個人的桃花位，最簡單的方法，是以其生肖來做為判斷，底下特別列出生肖與桃花位之關係，以供讀者參考擇用。

**生肖與桃花位之關係**

| 生肖 | 桃花位 |
| --- | --- |
| 鼠、龍、猴 | 西方 |
| 牛、蛇、雞 | 南方 |
| 虎、馬、狗 | 東方 |
| 兔、羊、豬 | 北方 |

於知道個人在宅樓中的桃花位後，若能善加催旺佈局，則必得良緣底定，事業必成。

至於應如何催化桃花，似可遵循下列兩種方法去遂行：

## 1・招緣方法

### (1)應準備器物

・透明玻璃花瓶一隻。
・粉晶36顆。
・新鮮紅玫瑰花12朵。
・玻璃圓盤一個。
・花豆、綠豆、紅豆、黑豆及黃豆等五種豆類各8粒。

### (2)作法

・先將36顆粉晶放入透明玻璃花瓶內。
・其次插上12朵紅色玫瑰花。
・再把花瓶置放在玻璃圓盤上。
・最後再將五種豆類各8粒放在玻璃盤邊緣上面。

### (3)置放地點

・可以在個人桃花位或流年桃花位上。

**2．放置鮮花**

可以在桃花位四個角落上，各放置一朵已經去過刺的新鮮玫瑰花，每一個禮拜要更換乙次，一直到好事出現為止。

各種方位都有其禁忌，桃花位也不例外，它仍然有一些忌諱，宜應設法加以避免。

**1．忌在廁所**

無論是宅樓、個人或流年桃花位，都不可以在廁所，要不然可不能強求會出現好姻緣，小心會遇到爛桃花，甚至於容易有破財失身之災。

萬一有兩個桃花方位都同落在廁所時，良心的建議，這一年最好「休兵」勿動，養精蓄銳，以備來年。

**DIY紓解法：**

廁所應保持整潔乾淨，不得已可以利用個人桃花位來催化桃花。

**2．忌在走道、樓梯**

走道或樓梯悉為動線，桃花位貿然在走道或樓梯時，常會曇花一現，轉眼即逝，甚或緣慳一面，至難有好姻緣出現。

**DIY紓解法：**

可以在走道或樓梯間放置粉紅色水晶七星陣，以招來桃花。

### 3．人造花不宜

此舉會造成男人容易用情不專，女人也懷虛情假意，不會有好的結果。

宅樓桃花方位，個人桃花方位彙總如下表。至於流年桃花位的方位，則請參考本章第一節財位中，九宮飛星圖內之「一白桃花星」的方法。

**宅樓桃花方位彙總表**

| 宅別 | 座向 | 方位 |
|---|---|---|
| 坎宅 | 坐北向南 | 宅樓中央 |
| 震宅 | 坐東向西 | 東方 |
| 巽宅 | 坐東南向西北 | 西南方 |
| 離宅 | 坐南向北 | 西北方 |
| 坤宅 | 坐西南向東北 | 東南方 |
| 乾宅 | 坐西北向東南 | 南方 |
| 兌宅 | 坐西向東 | 東北方 |
| 艮宅 | 坐東北向西南 | 西方 |

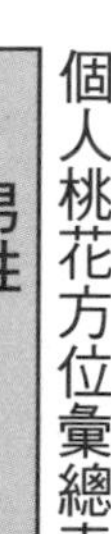

## 個人桃花方位彙總表

| 男性 | 女性 | 方位 |
| --- | --- | --- |
| 0【註】 | 1【註】 | 西方 |
| 1 | 0 | 東北方 |
| 2 | 8 | 南方 |
| 3 | 7 | 北方 |
| 4 | 6 | 西南方 |
| 5 | 5 | 東方 |
| 6 | 4 | 東南方 |
| 7 | 3 | 宅樓中央 |
| 8 | 2 | 西北方 |

【註】：此數為民國出生年度除以9之後的餘數。例如：

（1）民國54年出生男性為：54÷9＝6…餘數為0在西方。

（2）民國76年出生男性為：76÷9＝8…餘數為4在西南方。

（3）民國34年出生女性為：34÷9＝3…餘數為7在北方。

（4）民國67年出生女性為：67÷9＝7…餘數為 4在東南方。

除了我們在前面所談到的各種方法之外，在本法中，有關催旺桃花佈局，最簡便的方法計有下列兩種：

**1．擺放飾物**

先擺放一個藍色不規則、透明的容器或盤子，在其裡面鋪上銅板，再在銅板上放置一隻馬的造形飾物，馬首要朝外，這樣即可順利達到願望。

**2．魚缸或盆栽**

可以在桃花位上，放置大口魚缸或者是非綠色水耕植物，這樣也能獲得預期的效果。

最後，在本節末了，再來談談不利桃花的一些因素，首先，應避免在桃花位上存放垃圾桶、污穢或雜亂的物品，其次，則禁止在桃花位上放置木雕或枯木製品，否則的話，對桃花會極為不利。

# 第四章　宅樓環境

在陽宅相術之中，有所謂外六事，即道路、橋樑、山形、河川、廟宇及樹木，這些情況都與住宅、商業大樓地基周遭環境有很密切的關係。

至於與陽宅外六事有關的各項問題，我們將留在後續幾節中，陸續加以闡釋。

# 第一節 概論

宅樓周遭環境的好壞，常常會對其吉凶產生不同程度的影響，因此，我們在選購或建構宅樓時，必定要先觀察了解周遭的環境，加以評估之後再作決定。

我們在看宅樓的風水時，並非單看其方位、角度以及屋內之隔間是否適宜而已。在正統的宅樓風水中，不僅要重視前述的那些關係之外，仍然要留意建構的地點，而再參酌下列四個要件，一併慎密的給予考慮。

**1．「龍」**

乃為地勢之脈，以此脈在不同條件之下，加以判斷其吉凶。

**2．「穴」**

這裡所言之穴，並非指「千里來龍，此處結穴」的那個「穴」字之意。穴實則指在整個地勢之中，選擇最佳的地段，再在迴異條件之下進行評估，以判斷其吉凶。

3·「**砂**」

泛指地基周遭的環境、地質以及空氣污染程度，而做為判斷其良窳。

4·「**水**」

係指以地基周圍的河川、溝渠之流向，而做為判斷吉凶之濫觴。

由此可以知道，在宅樓風水中，不但是宅樓的格局，甚至於方位、角度及建構地段周遭環境等，在在皆為研判其吉凶之重要因素。

# 第二節　地基

在宅樓地基四周環境當中，因各種情況迥異，以致於常有旺吉凶煞之分，茲將其詳細分述於下。

## 一、旺吉善地

黃帝宅經有云：「地善，苗茂盛，宅吉，人興隆。」一般上，宅樓地基環境如果能有下列各種情況時，則屬於善地，若在此種善地上興蓋宅樓，爾後必得大吉大利。

### 1．朱玄龍虎四神相應

若地基上左有流水為青龍，右有長道為白虎，前有汙地為朱雀，後有丘陵為玄武，朱玄龍虎四神相左時，則家中的男人富貴，女人賢慧，官祿不求即自至，後代子孫享福百年。

**2．青龍拜白虎**

若宅樓左有流水，右有道路，稱為青龍拜白虎，則必人丁旺盛、財運亨通、大富大貴；如水流是流進來的方向，更是大吉之相，財運準會如流水，不斷地湧入。

**3．西昂東下向北陽**

這種地形的地基，非常適合興建宅樓，則必後代子孫積財大富貴，人丁旺盛，牛羊六畜興旺。

**4．方圓四面平整**

在這種地形上興工建築宅樓最合適，無論宮商徵羽，主居者必得人丁旺盛、家豪富貴。

**5．中央正面四面高**

於此地修蓋宅樓福有餘，家道富貴出英豪，牛羊六畜多興旺。

**6．方正或矩形**

這種地形非常容易規劃蓋合適的宅樓，而有利於氣的正常流動，故為吉利。

## 二、凶煞惡地

若宅樓地基有下列各種情況之一者，即屬於惡地，在這種惡地上興建宅樓，非常不利人居，除非設法加以解厄之外，否則的話，容易招致凶煞。

### 1．馱亮宅

指主宅樓地基的高度，超過旁邊宅樓者之謂也。此種宅樓對主居者至為不吉。

**個案：**

嘉義縣大林鎮內有一位陳姓大戶人家，蓋了一幢四層樓房，因怕淹水，遂將地基加高，比鄰房高出約二公尺，說起來挺奇怪的，男主人陳先生平常以務農為生，既不抽菸，不嚼檳榔，又不喝酒，更不進廚房，在住進新房後不到二年，舌頭老是覺得有點怪怪不舒服，經延醫檢查後，發現得了癌症，經過幾次開刀手術之後，總算保住了一條老命，但是又過沒多久，癌細胞又流竄到頭部，腦袋瓜也難逃再挨一刀的厄運。

**DIY紓解法：**

設法將地基降低與旁邊宅樓等高，改為地下室。果不然在門上掛個山海鎮、廣角鏡、五帝錢等合適法器予以鎮宅。

**2．左右俱低後邊高**

如不幸居住在這種宅樓時，註定是孤兒寡婦，而且終生要勤勞。

**DIY紓解法：**

如果可行的話，將左右兩邊地基加填到與自己宅樓同樣高度，則必得大吉。

**3．地面崎嶇不平**

宅樓若果蓋在崎嶇不平的地面上，主居者將會貧窮不堪，甚或對家人健康也會有很大的影響。

**DIY紓解法：**

先在地面上填上一尺高的素土，然後再在上面興建宅樓，則必地肥人富了。

**4．墳地、刑場、廟宇或久棄的土地**

宅樓若蓋在上述這些地基上時，因這些土地乃為陰地，除了阻擋財路之外，宅中常常會發生鬼怪莫名其妙的事情。

**DIY紓解法：**

可以在門口掛上八仙彩，以提昇宅氣，或使用山海鎮、廣角鏡、五帝錢等法器予以鎮宅出煞。

## 5．水池、廢井及其周圍

類似這種地基的土質較為鬆軟，而且也不太肥沃，又為陰地並缺財位及肥水，主居者必定會貧窮衰微。

**DIY 紓解法：**

使用山海鎮、廣角鏡、五帝錢等法器予以鎮宅出煞。

## 6．低窪地

因為這種地勢比較低，屬陰為寡陽，而且土地不肥沃，缺少財氣照射，並會讓人有一種不爽朗的觀感，除對家人身體有影響外，更是先絕而後敗。

**DIY 紓解法：**

使用素土將地基加以填高後，再蓋宅樓。

## 7．大斜坡

宅樓蓋在此種地形上時，常常會耽心地層可能滑落，內心會欠缺安全感，久而久之，很可能導致精神衰弱。

**DIY 紓解法：**

在斜坡地方建立堅固的坡坎、擋土牆，以阻擋地層滑落，確保居家安全。

## 8．狹長屋

宅樓之長度與寬度的比例如超過二分之一者，主居者凡事常會有偏見，造成身心難得安寧。

**個案：**

筆者住家附近巷內有一戶賴姓富豪，其宅樓類似狹長屋，男主人原在金融機關擔任要職，後因每天熱衷於數字遊戲炒股票，結果虧了很多錢，心裡老是悶悶不樂，最後卻得了腦中風，成天坐在輪椅上，看樣子此後只好坐在輪椅上，而由印尼外傭陪伴度過其餘生了。

**DIY紓解法：**

使用山海鎮、廣角鏡、五帝錢等法器予以鎮宅出煞。

## 9．足露房

宅樓地基有二、三尺之腐蝕，鋼筋水泥牆基有裂隙，在同一方向有三、四道一尺以上深度的裂縫者謂之足露房，不利人居。

**DIY紓解法：**

使用水泥等填充物，將裂隙部分加以補平。

## 10・枯氣宅

在宅樓屋頂尚未完全蓋妥或天花板未油漆完畢時，即遷入居住謂之枯氣宅，確實不利人住。

**DIY紓解法：**

一定要等到全部建築工程完工後再行入住。

## 11・前高後低或缺角

宅樓絕不可以前高後低，否則長幼昏迷，絕無門戶。如有缺角，對健康也極為不利。

**DIY紓解法：**

蓋宅樓時，如可能的話，將宅樓移轉九十度或一百八十度。

## 12・不規則的地形

地基如為三角形、梯形、刀形、丁字形、十字形、圓形時，不但興建宅樓不好規劃，主居者運勢也會象徵坎坷不平，不僅沒有發展，而且是非紛至。唯前窄後寬的梯形則屬於大吉大利。

**DIY紓解法：**

將宅樓選蓋在正方形的地方，其餘空出來的地方則規劃為綠地。

## 13．不宜的形煞

地基附近倘若有尖角、高塔、電線桿、煙囪、污水池、垃圾場、大排水溝、醫院等對到，會有刑煞，則不宜興建宅樓。

**DIY紓解法：**

如能使用法器設法解決的話最好，否則，可以考慮另找新家，或商請大師開示。

## 14．其他

除了我們在前面所討論各項之外，宅樓也不居當衝口處，不近祠堂，不近風月場所，不屬官衙旁，不近軍營戰地，不居貧瘠之地，不居山脊衝處，不居城門口處，不居對著監獄大門地方，否則會有不吉。

門前雜草叢生，四周都沒有宅屋的孤聳位於兩邊均為新大樓，而宅樓夾在中間，或者老舊年久失修的房子，以上這些宅樓均不宜居住。

**DIY紓解法：**

如果能使用前面所提過的各種法器鎮宅，或請大師設法解決的話最好，否則，可以想辦法另找新家。

## 第三節 道路

在陽宅風水中，有關道路也有不少的禁忌，是以我們更不能不加以重視，底下就特別提出逐一加以說明。

### 一、吉利宅樓

道路的各種情況，往往會影響到宅樓的吉凶，不過下列所論述的幾種道路，俱對宅樓非常有利。

**1．道路平坦開闊**

這樣宅樓才沒有面對面的壓迫感，而氣場與磁場也比較能順暢，對運勢才會有助益。

**2．右有大路**

宅樓最好的格局，為其側面牆剛好是西面，而且有大路通過。

**個案：**

有甲、乙兩家餐飲店，同位在乙座五層樓公寓樓下，而且也同位在一條綠園道上，甲家係位在西邊，側面牆剛好是西面，而且有大路通過，因此，店內經常是嘉賓雲集，座無虛席，夫婦兩人實在忙不過來，不得已才把已經出閣的女兒召回來到腳手（台語，即幫忙）。

乙家係位在東邊，而且又比較靠近兩座大型辦公大樓，依理生意應該會更好才對，但是事與願違，店內經常門可羅雀，小貓三二隻，生意每況愈下，實在撐不下去，最後只好關門養蚊子，可見地利之重要了。

**3．前院有蜿蜒道路**

在前院設計一條橫的「之」字形或S形通路，可以化解煞氣，會使身心愉快，而得平安富貴。

## 4・道路中段

宅樓最好是位在道路中段或巷內中段，不過一般人都比較喜歡邊間，認為邊間窗戶多，陽光充足，空氣流通，然而邊間空氣卻比較容易受污染，氣流比較大，氣場會比較不隱定，加以噪音又多，無形中會消耗內能，終致體質較弱。

## 5・弓形道路

宅樓前面如為一條弓形的道路時，因宅樓比較容易聚氣，故主居者必能財源廣進。

**個案：**

台中市南屯區大容西街旁邊有一條大排水溝，本來係由北向南行，於靠近文心路時，道路與大水溝一起改向西行，右岸因而形成一弓形道路與水溝俗稱玉帶環腰，屬大吉大利，因而地主累積了不少的財富。

## 二、不宜宅樓

道路造成宅樓的煞氣，在現實生活當中，為數確實不少，此處亦提出分別加以縷述。

### 1．路沖

所謂路沖，即指宅樓的大門正對著道路，又稱穿心路，古稱一箭穿心煞，相當不吉。此因宅樓面對著道路，每天有不少車輛都對著宅樓往來，很容易招來橫禍，造成傷亡甚至會破財、人丁稀少，故為大凶之相。

再，因宅樓面對道路，無形的氣往來頻繁，也比其他地方強，而氣場與磁場常因來往車輛的干擾，整天混亂，居住者長期受到衝擊，亦會影響到身體的健康，不過這種煞氣會因樓層高度而逐樓減少。

**個案：**

台中市北區某地區有兩條大馬路呈「T」字形交叉，位居路沖上的店家，生意大受影響，營運很困難，因而經常換人經營。

另外，報載南投草屯鎮上有一條「T」字形交叉路，即一邊是從山上往下與另一條大馬路呈垂直交叉，很多汽車駕駛人因對此段路況不甚熟悉，以致於經常會把車子開進商家裡面，導致商家頻頻遭受橫禍。

**DIY紓解法：**

在國內有路沖的宅樓實在難以勝數，一般上都在大門上方掛上一個經加持後的山海鎮、廣角鏡或可將前大門改移方向即可加以化解；或改玄關為九十度以反射路煞。

## 2・反弓路

反弓路即宅樓外的道路是弧形向外地弓出的形狀，如弓出的方向上還有高塔、煙囪、電線桿、大樹等則為大凶，主居者必定會傷人、退財。

**個案：**

老家鄉下有一條筆直大馬路，因係跨越北港溪上游，於興建大橋時，為將就溪流方向，道路通往大橋地方，突然來個大轉彎，因此，經常有大卡車開到路旁住家裡面，有的時候，甚至也會有貨櫃車的貨櫃，在他們家的門前板凳倒立——四腳朝天，情況實在有夠恐怖。

由於交通事故頻率太高，導致有關當局不得不加以正視，乃於最近撥付巨款另建乙座新大橋，大馬路終於由彎取直，此後車禍事故也就掛零了。當局的作法實在是德政一樁，阿彌陀佛。

**DIY紓解法：**

此種宅樓最好敬而遠之，不可以購買，要不然也只能將大門往內退縮三尺五寸或四尺二寸作正玄關的方式，或可將前大門改移方向，以避開來自兩邊的煞氣，或請大師幫忙開示。

### 3·彎弓直箭路

宅樓不能有弧形向外彎弓，如再加上一條直向外面的道路，剛好形成向內射的弓射形，屬於大凶，家人健康不佳，事業不順，時常破財，甚至於會官司纏身。

**DIY紓解法：**

可將前大門改移方向，或在大門上方使用山海鎮、五帝錢或廣角鏡或其他適宜法器予以鎮宅出煞，或請大師幫忙開示。

### 4·無尾（死）巷

宅樓千萬不要蓋在無尾（死）巷的盡頭，此因不但犯了路沖，而且空氣流通不佳，加以所有氣場射線直沖大門，干擾實在太大，主居者容易破財傷身，並會招惹官非。

**個案：**

筆者住家附近有一條巷道，其盡頭蓋有乙幢大別墅，屋主雖然花了不少的銀兩，裝設不鏽鋼的門窗，也請了鐵將軍把關，但很不幸在一年之內，還是連遭樑上君子光顧三次，損失實在不貲。

另外，筆者還有一位摯友，身居中央部會首長，在職期間曾因膽疾開刀割除，卸任部長後，卻不能回到原服務單位繼續任職，以致於少領了不少的退休金，之後更因特支費的問題而遭到起訴，實在有夠背。

**DIY紓解法：**

不要猶豫，趕快遷房為良，或試著使用山海鎮、廣角鏡、五帝錢、符咒或其他適宜法器鎮宅出煞，或商請大師幫忙開示。

**5．四周巷道**

獨棟宅樓四周，不可以都是巷道，否則來自四面八方的散氣，會將宅樓內的氣沖散掉，而大大地阻礙事業的發展。

**DIY紓解法：**

可能的話，將屋後的巷道或部分巷道加以封閉。

**6．鐮刀路**

宅樓門前的道路，形如一把鐮刀，即名鐮刀路或反弓路。此路猶似一隻箭射入屋內，故而家中會頻生事故。

**紓解法：**

設法改變大門的方向，或改作玄關之門，即可將交會的煞氣阻擋在屋外，而不會捲入家中，便得平安無事；或在大門上方掛上山海鎮、廣角鏡、五帝錢等法器來鎮宅。

### 7．剪刀路

宅樓不能面對著三角形的道路，俗稱剪刀路，此因一出門就面臨岔路的抉擇，初期雖可置下甚多財產，但最終如破財時，則一時間就會全部垮掉。

**個案：**

台中市中區，有一家歷史非常悠久的信用合作社，即位於這種剪刀路口上，開始時營運業績還算不錯，後來因呆帳過多，以致於經營困難，過了沒多久之後，就見鐵將軍鎮守大門了。

**DIY紓解法：**

設法改變大門的方向，或改作玄關，或利用山海鎮、廣角鏡、五帝錢以降低煞氣。

### 8．四方路沖

這種宅樓前後左右都有路沖，主凶殃，禍起難擋，就算不破財消災，恐怕也會投河自盡或投井而亡。

**DIY紓解法：**

若真有此種情形時，建議三十六計走為上策，而不必猶豫、戀棧，要不然就請大師協助開示。

**9．斜低地**

宅樓貿然建於斜低地，而大門又對著三叉路口時，實為大凶之相，主居者必有血光之災，漏財之相，並欠缺安全感。

**DIY紓解法：**

可以使用石敢當或一對石獅子加以鎮宅出煞。

**10．左右有路**

這種宅樓白虎生災殃，主居者百事難成，更有死傷，破財又多訴訟。

**DIY紓解法：**

可以使用石敢當或一對石獅子予以鎮宅出煞。

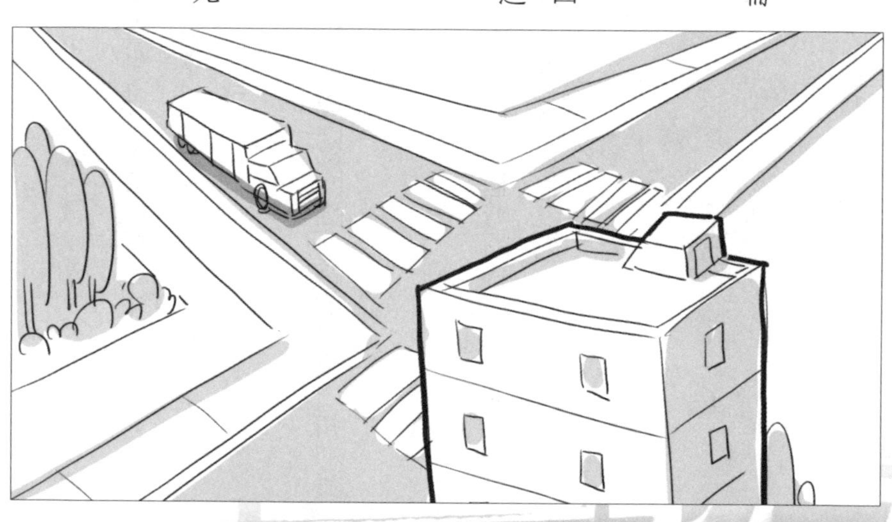

## 11．其他

如宅樓比路面低，前後皆路、反弓水、變電所、焚化爐等大障礙物等都不適宜。

宅樓震（東）有大路主貧；坎（北）有大路極凶；後面有高聳的峻嶺會絕人丁；後面有道路或前衝後射，主有盜賊之人。

**DIY紓解法：**

先天既然已經形成，那麼只有依靠後天來設法謀求改善（如更改大門或玄關的方向），以締造合適的居住環境了，或請大師開示。

# 第四節　橋樑

此處所指的橋樑為廣義的橋樑，即包含跨越河川溝渠的橋樑，以及高架橋或地下道等。

橋樑的風水在陽宅上仍然佔有很重要的地位，所以我們也不可加以忽略。尤其是現代，各大都會區為改善交通，紛紛把道路高架化、地下化或將捷運系統加以高架，這些舉措在都會衍生或多或少風水上的問題，故而不得不特別加以留意。

橋樑對宅樓可能會產生風水上的影響，此處特別將這些問題臚列介紹如下：

**1．橋沖**

橋沖和路沖一樣，都是很不吉利。橋沖係指宅樓大門前面不可有橋樑直沖過來，果不其然，不僅容易發生事故，而且又易於破財。

若此橋樑係從西北方正沖大門，為大凶之相，健康會不佳，財氣容易散盡，家道亦易於衰敗。

**DIY 紓解法：**

設法改變大門或玄關的方向，或在大門掛上八仙彩，提高宅氣，或使用山海鎮、廣角鏡、五帝錢或其它合適的法器。

## 2．木橋

宅樓前方或乾（西北）方不宜有木造橋樑，此因土遇水及木必生互剋，如有木造橋樑相沖的宅樓必為大凶，主必有家敗人亡的大禍。

**DIY 紓解法：**

設法改變大門或玄關的方向，或在大門掛上山海鎮、廣角鏡、五帝錢等合適的法器鎮宅出煞。

## 3．橋樑出入口

橋樑出入口兩旁的車輛會比較多，排放廢氣也多，而且氣場與磁場難於暢通，因此，不但不利於居住或開店，對健康影響也很大，並且更容易導致破財。

**DIY 紓解法：**

可以在大門掛上山海鎮、廣角鏡、五帝錢、符咒等適宜的法器鎮宅。

**4．橋樑兩側**

在橋樑兩側的道路，存在的問題都不小，宅樓格局因而也受到很大的限制，欲加改進益形困難，如想要發展大事業，在氣勢上更顯得不足，故非理想的地方。

**DIY紓解法：**

如果空間充許的話，可以把宅樓往後建築，前面則留為小廣場，果不其然，衹好搬家了。

**5．高架橋**

在都會區中，為改善區內的交通，常常會建有一些高架橋，所以大門不要對著高架橋，庶免出門視線就被高架橋擋住，加以來往車輛的震動、噪音與廢氣，不但會影響身體健康，也會影響出入，生意因而會衰退，錢財亦難以守住。

**DIY紓解法：**

可以考慮另外再築新巢。

**6．高架橋兩側**

這種地方也不是居住或經商的好場所，因為長期受到噪音、震動，直接會影響到安寧，同時也不利於思考。

如宅樓再處於高架橋轉彎的地方，則橋緣猶如鐮刀過來，實為大凶，不利事業發展及身體的健康。故於選購宅樓時，最好（一定）要避開和橋同高的那一層樓，要不然未蒙其利倒是先受其害，而樓層越高，受其影響則愈小。

**DIY紓解法：**

如果空間允許的話，可以把宅樓稍為退後建築，前面則留為小廣場，果不其然，衹好搬家了。

### 7．捷運高架橋

捷運高架橋通常僅只車站出入口附近人潮比較多，對鄰近商家有利之外，然對沿線的各種宅樓，陽光會被擋住，過往的車聲，隨車身呼嘯而過所產生不穩定的氣流，以及高壓電產生的磁場等，這些都為風水上的大禁忌。

**DIY紓解法：**

能忍則忍，如忍無可忍時，也衹好設法另外找新巢了。

### 8．地下道

地下道兩旁的宅樓，其風水也會受到不好的影響，非但景觀不佳，氣場很紊亂，附近商家的生意亦會受到很大影響。

**DIY紓解法：**

商請專家設法改善周遭景觀，隨後生意自然就好作了。

### 9．鐵路

宅樓最好不要位在鐵路的兩側，蓋因鐵路也會隔絕風水氣脈，驚動龍神，不僅會破壞風水，而且也會影響到安寧與健康，甚或導致內部人事的紛擾不和。

**DIY紓解法：**

消極的作法，可以在大門掛上山海鎮、廣角鏡、符咒等合適的法器；積極的作法，唯有離開擾人的地方了。

### 10．其他

宅樓若有道路橋樑四面交沖者，氣場與磁場會顯得很亂，噪音、污染益形嚴重，容易發生危險，子孫怯弱，不吉利。

**DIY紓解法：**

積極的作法，唯有離開這個擾人之地方；消極的作法，可以在大門口上面懸掛山海鎮、廣角鏡、符咒、五帝錢等合適的法器來鎮宅出煞，或商請大師協助開示。

# 第五節 山川

晉代郭璞在其所著《葬書》中曾言：「風水之法，得水為上，藏風次之。」可知水在風水術中的吉凶佔有很重要的地位。

在我們日常生活當中，常言遇水則發，即表示水主財的意思，故對水流的入口與流向特別予以重視，以免水流會影響到氣與財帛。

我們熟知地勢高為吉，蓋因將宅樓蓋在低窪地或山谷之中，不僅山谷風很大，濕氣也太重，污染廢氣也會聚集在山谷之中，這些對健康大大不利，地勢低亦容易有水患，故為不好的居處。

揆諸前述，可知山、水可以左右我們宅樓的吉凶，因此，本節中特地將它影響宅樓的吉凶，分別提出詳細加以探討。

## 一、旺吉大利

我們居住的宅樓，它之所以會旺吉大利，可肇因於山水之影響者，計有下列幾種：

1．**秀水**

宅樓如有秀水從屋前稍曲橫過，則為好風水，主居者必得身心健康、舉家和樂。如秀水從遠方對著大門，則主居者財帛不絕，唯如秀水流向直對近門，則家人會不和，家中也難得安寧。

**個案：**

前述台中市南屯區大容西街，有乙幢大樓，門前不但有一條彎弓大馬路，同時也有一條朝內彎曲的秀水，故而主居者大發。

2．**前後沙堆如丘**

宅樓前後有沙堆如丘，此種地形猶似龍穴，很得地利，主必發大財，如主居者八字財運旺時，則必可積財致富。此種吉地若兼以左右二邊水流（池塘）流向相同時，更如前後兩山拱龍，而得魚躍財庫。

3．**坤池乾、艮垞**

宅樓坤（西南）方有水池，乾（西北）方有坵地最宜，而艮（東北）方之地有山崗，則必主富貴，子孫天賜不愁衣食。

**4．前平後崗**

宅樓屋前地勢平坦，屋後有高崗，則必人丁興旺，莊稼豐收，歲歲年年五穀滿倉庫。

**5．左右皆水**

宅樓左右兩邊都有河流或水溝，若兩者流向相同時為吉祥，則主居者必得錢財廣進，家人必定幸福安康，大利後代子子孫孫。

**6．乾有丘陵**

若宅樓乾（西北）方有丘陵，主居者必得日漸興旺，女孩定為第一夫人，兒孫日後個個為公卿。

**7．兌水震流**

宅樓兌（西）方有水向震（東）方流，震方蜿蜒大長河，屋後寬度廣棻，則兒孫必能興旺，莊稼年年大豐收。

**8．隆起圓丘**

宅樓若能建構在四周平坦，而且慢慢隆起的圓丘上，顯為步步高昇，為吉相之地，主居者必得名利雙收。

**9．前阜後崗**

宅樓前面有高阜，後方有山崗，震（東）邊來流水，兌（西）邊為道路，屬於大吉之地，可以庇蔭子孫世世居官位，玉帶紫袍拜院長、元首。

**10．前後俱山**

宅樓前後方都為山嶺，顯得很適宜，左有沙丘右流水，必主兒孫福祿兼備，財帛富足年年有餘。若左邊為流水，則主家豪富貴，延年益壽而可媲美彭祖。

**11．前後高沙**

宅樓前後都有高沙，居此不虞衣食差，財帛聚集人緣廣結，世世代代得享榮華富貴。

**12．坤水艮流**

坤（西南）方有水向艮（東北）方流，此地可居世難覓，誠是夫妻恩愛，出門有房車，高官厚祿近部會首長。

**13・後有靠山**

宅樓後面有山正可靠，居此人丁旺盛，家財盛茂，世代子孫恆得穀物堆滿倉庫。

**14・長河嶺崗**

綿長河流寬平貫穿南北，東側山嶺，西邊高崗重疊數層，屋前左右齊坌聚，必有子孫膺任大將軍。

**15・乾高巽崗**

宅樓乾（西北）方仰高地數里，巽（東南）方地有疊崗，再得坤（西南）、艮（東北）方地勢平坦，則家中富貴，財帛億萬，六畜興旺。

## 二、沖煞凶相

山岳河流影響宅樓的凶相為數相當多，茲將其擇要闡釋如下。

### 1．左水射宮

在宅樓左邊，如果有一條河流或排水溝，流向午（正南方）宮時，則主居者開始會賺大錢累積財富，不過以後必會逐漸沒落、貧窮。

**DIY紓解法：**

將大門改為玄關以收來水，俾減少煞氣，或請大師幫忙開示。

### 2．前後有丘

如果宅樓前後方都有山丘的話，應該盡量加以避免，否則的話，貿然在此地居住，必會常招致凶煞和吉利，得到的時候必可大富大貴，失利的時候則會嫌棄。

**DIY紓解法：**

設法將大門前方丘地剷平，則必大吉，或在其前方設一與門同高大的木板屏風，以阻擋煞氣滲入屋內，或掛個廣角鏡，或請大師開示。

### 3．山嶺出入口

山嶺出入口亦稱山尾前，宅樓不宜建於此地上，果不其然，這種地勢除了容易遭受天災之外，對居住者之福份更會日顯淺薄，而對家人的身體亦有很大影響，故為大凶之相。

**DIY 紓解法：**

此因哪一天會發生山崩地裂，沒人敢預測，不過為家人安全著想，最好另找新家；否則的話，只得修建強固的擋土牆，以防止塌方土石流。

### 4．震有大山

宅樓的震（東）方若有大山時，居住者會顯得孤、寡又貧窮，更會頻頻遭受兩舌【註】之災，凡事先成功爾後必定失敗。

【註】：兩舌：語出華嚴經隨疏演義鈔十發心中發地獄心十惡之一。指言語反覆，搬弄是非。（本書以下的用法與此同義）

**DIY 紓解法：**

試用山海鎮、廣角鏡、五帝錢、符咒等適宜法器予以鎮宅。

### 5．前山後窪

如宅樓面向大山，後方為窪地實為大不吉，不可以在此地居住或建立墳墓，要不然山崩或地層滑落時，必定會難逃一劫，而遭受滅門的慘劇。

**DIY紓解法：**

建議另外擇屋而居，或修建強固的擋土牆，以防止塌方土石流。

## 6・兌有水池

在宅樓的兌（西）方有水池時，不宜人居，非僅六畜不旺，家人更會不吉，先得富貴後來貧困。

**DIY紓解法：**

可能時將水池填平改種樹木、花草。也可用山海鎮、五帝錢、廣角鏡等法器加以出煞。

## 7・午有水沖

若宅樓午（正南）方有排水溝或水流對著正沖，主居者必定先吉後凶。如水流正向的流過來也不宜，果不其然，失敗時很可能一敗塗地，永遠難以翻身。

**DIY紓解法：**

在大門正上方裝設山海鎮、五帝錢或廣角鏡等有關的法器，以阻擋煞氣入侵。

## 8·前後皆山

宅樓前後若介於兩座山之間時，不宜居住，要不然，會家貧孤寡又出賊人，牛羊六畜死盡猶有災禍。

**DIY紓解法：**

莫再戀棧這種不吉的宅樓，祇好棄居而後安了。

## 9·前山兼墳墓

如果宅樓門前有山又兼有墳墓，乃是凶上加凶，實在不宜居住，甚至於在百公尺以內有墳墓也不適宜。

**DIY紓解法：**

協調將墳墓遷移，再使用山海鎮、五帝錢、符咒等法器鎮宅，或把宅樓轉個方向。

## 10·其他

宅樓不居正向水流地方，不居百川江旁，更不居懸崖旁邊。

**DIY紓解法：**

千萬不能鐵齒，趕快搬走，要不然等踢到鐵板的時候，就後悔莫及了，或請大師開示。

# 第六節 其他

在本章最後，我們將在這一節中，特別針對廟宇、林木、墳墓等對宅樓吉凶的影響，也提出來加以探討，期使大家事先都能有所因應，庶免發生不必要的災害。

首先，談談宅樓旺吉大利部分，最後再敘述沖煞凶相部分。

## 一、旺吉大利

由於人類的貪婪、無知與自私，濫行伐木，使得地球氣候日益暖化，造成很多的災難，因此有識之士，莫不竭力捍衛地球，使其不再被暖化，故而興起一股到處推行護林、造林活動的熱潮，使得各地方的林木愈來愈多，不但綠化環境，連帶也影響到宅樓的吉凶，是以我們也不遺餘力，來作這方面的論述。

### 1・西墳北林

若宅樓西（庚辛）方有墳墓，北（壬癸）方有樹林，而草木極為茂盛，並正對著宅樓近百步之距離時，則主居者的兒孫必得興旺大利。

**2．前林乾、艮垚**

在宅樓兩旁如有林木，而乾（西北）方有丘阜，艮（東北）有垚（山崗）時，主居者全家必得大富，後代子孫高貴抑且顯揚。

**3．坎有丘墳**

一般上，宅樓的坎（正北）方如有丘墳時，極為適合在此安居，若為君子則必居高官享厚祿，庶人必定家道繁榮富貴。

**4．艮有丘墳**

如果在宅樓的艮（東北）方有丘墳時，屬於善地，非常適合在此地安家立業，最後一定會得到迪吉，子孫富貴榮華，世世昌隆。

**5・震河坤、乾丘**

在宅樓的震（東）方有長河南北流，坤（西南）方、乾（西北）方皆有丘墳時，則居此屋必定能得大富大貴，復以後代子孫能夠綿延出眾。

**6・坤地丘墳**

建地的坤（西南）方若有丘墳時，於此地造屋安莊，家道必可日趨繁榮，子孫輩出並得興盛昌隆。

**7・乾有大樹**

可以於宅樓乾（西北）方種植大樹，因樹有芬多精可得大吉。另因台灣冬天常吹西北冷風，大樹可以擋風，是以對居住者的健康也大大有利。

## 二、沖煞凶相

廟宇、森林及墳墓影響宅樓的吉利部分已如前述，至於它們對宅樓產生凶煞的情形，則彙列併述如下。

### 1．神壇吸氣

一般來說，宅樓前面不可以有廟宇或者神壇，此因這些神靈會將附近的氣吸走，久而久之，常常會有陰森森的感覺。如果距離宅樓未及百步的話，恐怕會傷人，並禍及子孫。

**DIY紓解法：**

在大門上方掛上山海鎮、五帝錢或廣角鏡或貼一紙符咒鎮宅，或在大門掛上八仙彩以提昇宅氣。

或使用長七寸寬三寸的紅紙，上寫「我家屋前天地大廟堂天兵神將歡喜眾朝祥」，於初一或十五日夜子時燒香貼在大門上，家人即得平安幸福。

### 2．桑樹繞屋

若宅樓的四個角落，都種滿了桑樹，因桑與「喪」同音，一般人常會心存忌憚，當然是不吉利，遇有禍害實在難於擔待，更教子孫受到驚惶。

DIY紓解法：

把散佈在各個角落的桑樹悉數移除，改植他種吉祥的林木。

## 3．屋旁莫大樹

宅樓旁邊不可有大樹，否則凶，蓋因大樹太靠近宅樓，其樹根很容易穿噬宅基，造成地基鬆動，宅樓會不安全，另外，樹根也會大量吸收地氣，造成濕氣，使得屋內過於潮濕，影響到居住者身體的健康。

DIY紓解法：

希望存個善心，設法將大樹移走，千萬不要把大樹砍掉。

## 4．雙林夾屋

即表宅樓前後兩方儘是林木，形成雙林夾屋的現象，此種宅樓不得安居，否則，家財會歲歲輕散，更怕屋內驚憂小鬼會成精。

DIY紓解法：

類似這種情形的煞氣、陰氣一定會很重，可能時，把宅樓前面的林木全數加以砍伐清除，要不然，也祇好腳底抹油搬走之一途了。

## 5・乾林坤水

設若宅樓的乾（西北）方有林木、溝渠，則婦女必淫，並死佳人；坤（西南）方地有水流則妨害家母，更教子孫後代成孤貧。

**DIY紓解法：**

作者強力推薦將林木移開，或溝渠改道，或試著以山海鎮、五帝錢、符咒等適宜法器，或者請求大師加以幫忙。

## 6・左為孤墳

如地基左邊為孤墳，則不宜興建宅樓，若在此地安莊，註定是凶相環生，非但會有疾病纏身，家中恐怕會有鬼怪、盜賊入侵之虞。

**DIY紓解法：**

可以使用符咒或山海鎮、五帝錢等法器，或者請求大師惠予協助。

## 7・前後墳林

宅樓前後方都有墳林大大不吉，凡事會看不開，很難稱心如意，常常會有災禍，家財最終亦會破敗殆盡。

**DIY紓解法：**

試用山海鎮、廣角鏡、五帝錢等法器鎮宅，最好是遷居為安。

**8．震、離勿有大樹**

宅樓震（東）方和離（南）方不宜有大樹，否則不吉，蓋因位在北半球的台灣，東方和南方若有大樹，其濃蔭會遮住陽光，屋內陰氣變得比較重，而不利身體的健康。

**DIY紓解法：**

衹好犧牲大樹，選擇可愛的陽光，求個身心健康則為上上之策。

**9．屋忌墳旁**

宅樓最好不要蓋在墳墓旁邊，尤忌在震（東）方，若宅樓位在乾（西北）、兌（西）方，而墳墓在震方時，必定相沖而會不吉兆。

**DIY紓解法：**

把墳墓移走或使用符咒、山海鎮、五帝錢等法器予以鎮宅。

## 10．前水後墳

如宅樓前面有流水，而後面有墳墓的話，居住者十之九的人會有憂慮，初期雖然會累積家財，到最後則將敗光，而且牛羊六畜倒死，禍患無窮。

**DIY紓解法：**

老方法還是使用符咒、山海鎮、廣角鏡、五帝錢等法器，或者遷移墳墓。

## 11．卯有丘墳

在宅樓的卯（正東）方有小丘墳墓時，則為大凶，居住者必定慘遭滅門，日子一久，自會損及子孫。

**DIY紓解法：**

最好的方法是把墳墓遷走，或改變大門方向，要不然也祇好試著使用山海鎮等法器鎮宅出煞，或商請大師開示。

# 第五章　庭院風水

此處所稱之庭院，泛指宅樓與其周遭的庭院而言，在陽宅風水學中，不僅需要探討宅樓的風水，甚至於也要論述庭院的吉凶，斯此相輔相成，始能相得益彰，對整個宅樓的吉凶方可予以論斷。

於本章中，我們將分別介紹庭院、游泳池、宅樓結構（形狀），以及車庫等風水有關之各種問題。

# 第一節 庭院

宅樓中如果有庭院時，則宜盡量避免具有下列各種情況的發生或存在，否則，必定會對主居者衍生或多或少、程度不一之影響，因此，我們不得不慎重加以正視。

在都市中的宅樓，若為公寓或大廈二樓以上時，因無屬於自家專用的庭院，故對此庭院之一切設施，亦難於擅作任何的改變時，那麼本節便可加以忽略，而毋須太專注、在意。

## 一、當旺吉利

宅樓庭院如能擁有下列各事項之一者，則屬於當旺吉利，很值得大家去爭住的。

### 1·茂密竹林

宅樓的四周種植茂密竹林，而僅留一個大門者，屬於大吉。此因夏日涼爽，冬天可避寒風，又能消除噪音有利健康。唯若竹林疏稀則為不宜。

### 2．庭院在離方

宅樓的庭院，最好是設在離（南）方，則必得大吉，蓋離方若為空地，院內陽光較為充足，屋內光線也比較好，對身體健康非常有助益。

### 3．塘如彎月

在庭院前方空地上，有池塘如彎月，池底中央稍為隆起，圓弧朝外乃為大吉，古言「月如弦，財必發」。此即主居者必定人丁旺盛，事業橫發。不過在設置時，地勢、方位都應該選擇得宜。

**個案：**

筆者前在嘉義鄉下的老家，原在庭院大門口前方有一條大馬路，隔著此條馬路有一個如彎月的大池塘，當時全家族的人非但團結而且又和氣，人人財運亨通。可惜好景不長，過了四、五十年的光景，原池塘的主人，便將它填平，並開闢一條馬路直沖家族庭院的大門，自此之後，門前冷落車馬稀（語出唐白居易《琵琶行》），族人便時生齟齬，各自為政，族人各奔東西，家道也隨之日益沒落。

### 4．平圓山丘

宅樓門前如果朝平圓山丘者，主居者必得大大吉利。

**5・門開左邊**

如果宅樓庭院的大門，能夠開在左邊時，則主大吉。

**6・花木青翠茂盛**

庭院中可以種植含笑花、松、柏、桂、椿、槐以及榆樹等花木，而且花木要終年保持青翠茂盛方為吉祥，但不宜種植榕樹、杜鵑（因有杜鵑泣血）、玉蘭花（玉蘭為遇難之諧音）。

**7・樹木向屋**

如果庭院中的樹木，都偏向宅樓者，則主居住的人必得吉利。

## 二、沖煞凶相

後面所列舉的各種情況，如果庭院具有這些情況之一者，顯然很不吉利，宜應設法加以避免或早日設法予以解煞。

**1．勿開新塘**

宅樓門前不宜開設新塘，謂之血盆照鏡屬大凶，必定會遭絕子絕孫的厄運。

**DIY紓解法：**

事不宜遲，應該火速將池塘加以填平，改種鮮花綠草。

**2．忌有雙塘**

宅樓門前不可有雙塘，謂之「哭」字，西側有池為白虎，亦應加以避免。

**DIY紓解法：**

可以將西側池塘予以填平，改種鮮花綠草。

**3．流水不分八字**

若宅樓庭院範圍很廣，則其大門前、後之溝渠的流水，不能夠分為八字形，否則大凶，非僅散財而且絕嗣。

**DIY紓解法：**
想辦法將流水改道，或使用山海鎮、廣角鏡、五帝錢等適宜法器鎮宅。

**4．莫聞水聲**

宅樓門前莫聞水聲，否則，因屬於悲吟，主必退財。

**DIY紓解法：**
可以加強室內的隔音設備。

**5．他屋箭射**

宅樓門前如有他家屋箭射來時，主家中出子孫忤逆不孝。

**DIY紓解法：**
在大門口前方豎立一座跟門同高的屏風鎮宅，或將外大門改為玄關式進出。

**6．乾燥泛潤**

如果宅樓滋潤，有陽氣者則為吉祥，而乾燥缺乏潤澤者必為凶相。

**DIY紓解法：**
設法多種植一些花草、樹木。

## 7．門前忌電線桿

一般宅樓大門都不會正對著電線桿、鐵塔，要不然其磁場非但能阻擋財路，抑且會沖犯門神，家中如有孕婦恐怕會被傷害。

**DIY紓解法：**

商請主管單位將電線桿、鐵塔移位，或門上掛個廣角鏡，否則，祇能設法改建大門，以求心安、多福了。

## 8．門外忌大樹

大門之外，忌有大樹，此為凶相。若大樹與大門正沖，則會阻擋財神、陽氣，家人恐怕會有傷神、破財，甚或有兩舌之災。

**DIY紓解法：**

把大樹移走或更改大門，要不然就使用山海鎮、廣角鏡、符咒等法器予以出煞。

## 9．忌有兩小門

常言道：「入屋看門口，吉凶知八九。」一相宅經纂亦云：「宅之吉凶全在大門相。」一故而得知大門對宅運吉凶之重要性了。

一般上，宅屋庭院的大門，不可以再在其兩邊另外再留小門，此乃喻大小不和，吵雜分歧之相，家中會有嚴重漏財或家人會有病痛的情事。

**個案：**

筆者住家附近係一條綠園大道，有乙幢臨綠園道別墅，其地基呈前寬後窄的梯形，原住家姓廖，為了大貨車進出方便，遂在原大門南側，另外再開設一個比原大門略大的大門，這種作法雖是方便車輛進出，但是所作的生意，卻是每下愈況，一日不如一日，最後，房子也祇好拱手讓人。

後來，接手來住的張姓人家，並不認為有所不妥，就這樣一直住下來，可是經過了四年多的時間後，男主人竟不經意地發現罹患肺癌，經過二年多的治療，最後，再也沒有看到這位張兄了。

有趣的事是這位張兄，本身竟然是某一家著名擇日館的大師，這就正驗證了我們前面所強調的，不同派別的大師對同一件事情，觀點常常會有互異的說法了。

**DIY紓解法：**

遇有這種情況的時候，務必及早將右邊或左邊的一個大門加以封閉。

## 10・陰氣不宜

宅樓門前忌有監獄、廟宇、神壇、教堂、殯儀館、醫院、煙囟等，因為這些地方陰氣太重，而且鬼神與門神靠得太近，顯然有相沖之忌，而陰氣與陽氣相剋，如主居者八字較輕時，恐怕會招來鬼神附身作祟之災。

**DIY紓解法：**

使用山海鎮、廣角鏡、符咒等法器驅陰，抑或在大門掛上八仙彩以提昇宅氣。

## 11．院內不開池塘

通常在庭院裡面，不宜開設池塘，此因池塘屬於陰，而院內宜以陽為重。

若庭院裡面開設池塘，則主居者會有天災之虞，而對人丁、財帛亦為一凶。

**DIY紓解法：**

事莫怠慢，應火速將池塘填平，改種鮮花綠草。

## 12．乾、巽無池塘

宅樓乾（西北）方不可有池塘，否則，主居者多悲泣，初雖富有終成殘疾。

宅樓巽（東南）方也不可有池塘，要不然主居者會惹官防。此宅樓雖是子孫旺相，奈因得的少而散的多，且會遭官訴。

**DIY紓解法：**

把池塘加以填平，種植一些香椿、柏樹等吉利樹木。

## 13・圍牆不靠宅樓

宅樓外面的圍牆，不可以緊靠宅樓，此對主居者而言，必會貧窮不堪，甚至會導致精神錯亂。

**個案：**

筆者住家附近巷道內，有一王姓大戶人家，其住家圍牆為磚砌實牆，而且距離宅屋不到二尺；人稱王總的一家人搬進來住了沒多久，男主人原本係在某大金融單位任經理，於退休後成為股票族，成天沉淫於數字之遊戲，本身雖然有豐富的理財投資經驗，但是很不幸，最後，竟然是栽在數字上面，虧蝕了大把的銀子，並且還身染不治之宿疾。

無獨有偶的，王姓人家的隔壁，劉先生之宅屋，距離磚砌實牆也不到三尺，劉先生原任軍醫，退休後過了沒幾年，竟也不幸罹患攝護腺癌。

**DIY紓解法：**

這種情況，可以設法將圍牆高度酌以降低，或改為欄杆、鐵網透光式圍牆。

## 14・圍牆莫比屋高

一般上，庭院的圍牆不能比宅屋高，否則，會阻斷了財運。另若圍牆艮（東北）方有破損時，應火速加以修補，以避免主居者會招致訴訟是非之災，以及不利於健康的情形。

**個案：**

台中市北區漢口路二段附近的一條巷道內，有一家規模頗大的私設幼稚園，因四周圍牆與宅屋同高，故而園內屢屢出事，後來園方主人聽從大師的指點開示，即將圍牆高度大事降低，並改為鐵網透光式圍籬，此後萬事順遂，娃娃車更是倍增。

**DIY紓解法：**

應設法將圍牆高度酌予降低，或改為透光式、透明式圍籬即可。

## 15．沖風宅不宜

庭院外側圍牆若高於宅屋，而樹木又高過圍牆者，或中間有孤立高聳房屋，形成圍而皆窗的情況，謂之沖風宅，此宅不宜人居。

**DIY紓解法：**

設法降低圍牆高度，或遷移、拆除孤立高聳房屋。

## 16．避用尖刺物

宅樓的大門或宅院圍牆上面，應該避免使用尖形或有刺的金屬製作物做為圍籬，如果貿然使用的話，恐怕會招來血光之災。

**DIY紓解法：**

將尖形或有刺的金屬製品取下，更換頂部為平整形的物品。

## 17．水井不擋門

庭院中苟有水井，則不能夠擋住大門，要不然，會犯官訟。

**DIY紓解法：**

應該把水井移開或另行開闢大門。

## 18．不宜花木

庭院中不宜種植有刺的花木，以免傷人。尤其忌種榕樹，因其樹根擴散很廣，容易侵蝕地基而傷及宅屋；他如杜鵑有杜鵑泣血，而玉蘭有「遇難」之諧音，桑則有「喪」之諧音，柳樹則象徵離別，故皆不宜。

**DIY紓解法：**

將不適宜的花木除掉後，改種如松、柏、桂、椿、槐、榆等樹木最為吉祥，即能為自己打開最佳的運勢。

## 19．忌香花伴門

宅院中大門附近，最好不要種植會有香味的花木，此對女人非常不利，容易發生桃花。

**DIY紓解法：**

只能將其去之而後「安」矣！

## 第二節 游泳池

在地狹人稠的寶島台灣，雖然並非家家戶戶都擁有游泳池，不過也有為數不少的大戶人家，大抵都擁有自用的游泳池。

游泳池雖是佔地廣大，耗水量多，卻能給全家人帶來快樂、健康，對全家人的安全與幸福，確實具有莫大的作用。

一般戶外游泳池，恆能為游泳的人，提供大量人類生存不可或缺的三大基本要素，即陽光、空氣和水。宅屋設若能夠重視這三大要素，則主居者必得生活舒適、身體健康、事業順遂，從而更能財源廣進。

由於現代的人，不是朝九晚五族，就是背包族、股票族，要不然就是厲行「方城」大戰之輩，每天生活可以說是非常的忙碌，很少有時間到戶外去汲取充足而可愛溫暖的陽光，以致於有些人的臉色猶似白

紙，而中圍則驟然突出，看起來著實讓人不勝憐憫。

緣因自家游泳池隱密性比較高，全家人大可在池畔享受日光浴，等到吸足陽光後，更可到池中作個樂水的仁者，或是練習泳技，保持健康的身材，兼以庭院中有清新的空氣，則人類生存的三要素都齊備，誠是人間仙境，夫復何求。

談到游泳池設置的方位與有關設施，也非常重要，不可不重視其事，蓋因這些都會直接影響到全家人的快樂和安全。

因游泳池屬於男女宮，主掌身體健康，男女關係之吉凶。故知一個理想的游泳池，應該是人人所喜愛的，反之，如果游泳池設施有欠理想，必定會為家人帶來不愉快，甚或造成危險。

## 第三節　宅樓結構形狀

宅樓的結構（形狀）攸關主居者運勢的吉凶，是以在討論陽宅風水時，自然也佔有極其重要的地位。所以在本節中，我們仍然以宅樓的結構（形狀），做為論述吉凶之主要標的。

### 一、當旺吉利

就宅樓結構來看，下列所列舉的幾種情況，俱屬於當旺吉利，故而應該加以珍惜與企求的。

**1．外觀平整**

宅樓格局以方正為基本，長方形也很普遍，這種設計非常方便擺設家具；宅樓屋頂也要平整，絕不可以中央高出而兩邊較低，這種宅樓稱為寒肩宅，主居者很容易破財或遭火災。

**DIY紓解法：**

時下所有的宅樓，因樓梯或電梯的關係，絕大多數的屋頂都有中央高出而兩邊較低的結構，實在難以應對。設若能修改則改，要不然，只得自己行事多加小心為妙了。

**2・欠平整方圓**

宅樓前面如果是左長右短，後面平整方圓者為大吉，庶人居之必出賢良，無論宮商角徵羽家豪富貴人丁旺。但若是左短右長，則為不吉，男人會有不測，變成女人當道的情形。

**個案：**

在我們住家附近，住有一卓姓大戶人家，他們所住的大豪宅，就屬於左短右長的情形；卓先生原本生意作得很順利，也掙了不少錢。

同時，也另外再買了幾棟樓房與幾塊地皮，約莫經過八、九年的榮景之後，所經營的生意突然遭受變故，還差一點吃上官司，平素愛好面子的卓先生，因受不了這種嚴重的打擊，毅然不聲不響地跑到某大公園內，飲毒自盡了卻殘生。

**DIY紓解法：**

此時應該將右邊突出的部分加以打掉，或將左邊加蓋使與右邊平整。

**3・前窄後寬**

宅樓若能成前窄後寬的梯形屬於大吉，居之富貴平安，子孫旺盛，財帛廣進，珠寶滿家門。

### 4．前圓後平

如果宅樓外觀的造形，後面平整方正，前面大門的那一道圍牆略呈圓弧，即表天圓地方，屬於豬籠出水格為大吉，主居者必得大富、大貴。若宅樓縱深比橫寬要長，更是大吉，主事業日益發達，福澤綿長。

### 5．其他

一般上，宅樓前面呈微凸者為吉，所以宅樓可在東、西、南、北和東北、東南、西南、西北八個方位上，略加微凸形的設計，當為大吉。

## 二、沖煞凶相

宅樓的當旺吉利部分已如前述，此處特別對宅樓的一些沖煞凶相，逐一提出加以說明，以便讀者知所規避，從而能求個安穩、吉祥的宅樓。

### 1．孤陽宅

宅屋如果只有一間房子時，而臥房、客廳、廚房及浴廁等，全都包括在裡面，這一間房子即稱為孤陽宅。這種宅屋實在不利人住。

**個案：**

類似這種孤陽宅，於現實生活中，實在不勝枚舉；在筆者住家附近，蓋有乙幢地上二十二層的套房大樓，有一位單親媽媽，帶著一位三歲多的小女孩，就住在這幢大樓裡面。

有一天，這家人的小女孩，因感冒帶去附近醫院看病，萬萬沒料到，小女孩才剛坐上看診的椅子時，原本好端端的一張椅子，卻突然塌了下來，小女孩隨即應聲跌坐在地上。

實在非常的不幸，小女孩竟然因這一跌而傷到脊椎骨，以致於全身無法動彈，隨即住院治療，經過一個多月之後才得以痊癒，這件事想起來實在有夠玄。

**DIY紓解法：**

類似這種結構的套房，在都會區中為數頗多，因各人的情況、八字不同，要想出煞時，可商請大師指點迷津。

**2．單身房**

宅屋已經建有多年，再在其正方後面的左側上，另外加蓋一間單人住房，謂之單身房，不利人住。

**DIY紓解法：**

宜將此單身房拆除。

**3．雙身房**

宅屋已建了多年，在其正房後面左右兩邊上，各別加蓋一單人住房，謂之雙身房，不利人居。

**DIY紓解法：**

宜將此兩房悉數加以拆除。

**4．據箭房**

宅屋正房後面已有小房，在小房後面再加蓋小房，謂之據箭房乃大凶，不利人住。

**DIY 紓解法：**

趕快設法把加蓋的房子拆掉。

**5．龍劍房**

已經建好的宅屋，若露出屋脊者，謂之龍劍房，非常不利居住。

**DIY 紓解法：**

速用水泥等填充物將屋脊蓋（補）起來。

**6．零丁房**

於宅屋前面，加蓋一單人房，謂之零丁房，不利人居，恐有傷身之虞。

**個案：**

筆者家鄉的表弟，生性鐵齒不信邪，乃在其房子前面另外再加蓋一間房子，隨後即天天喝得酩酊大醉，達到不醉不歸的酒國最高境界，於經過三、四年後，就再也沒見到表弟了。

**DIY 紓解法：**

該設法將此房移開或拆除。

## 7．插翅房

宅屋與鄰居橫椽有交叉，抑或新蓋宅屋鋼骨裸露在外，謂之插翅房為大凶，不利人住。

**DIY紓解法：**

可以在大門口上方懸掛山海鎮、廣角鏡等法器，並將裸露鋼骨使用水泥予以封閉。

## 8．前寬後窄

宅屋前面寬，後面窄，形似棺材形，居住者四時很難得到安寧，必定會損財、家道日衰。

**個案：**

筆者親人以前曾在台北永和某條街上，租店開設西藥房，附近為一新興大社區，居住人口為數不少，但因店面屬於近似直角三角形，即前寬後窄，結果生意每下愈況，年年虧損，最後，不得不拉下鐵門。

**DIY紓解法：**

像這種棺材形的店面，最好不要去碰它，以求自保，或者將大門改開在狹窄地方，成

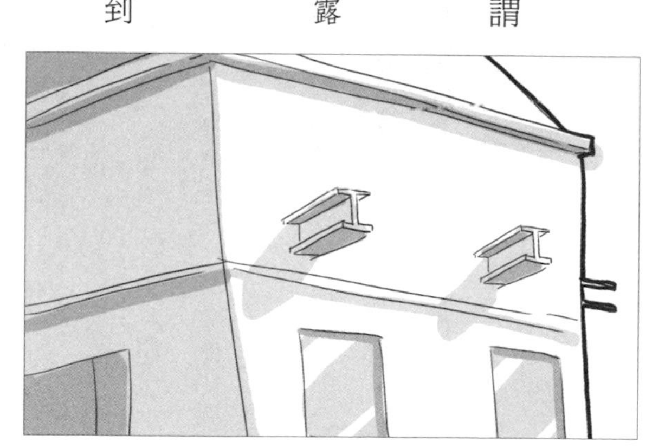

為蝦籠布袋型，便得大利、大吉。

## 9．獨矮屋

宅樓如緊鄰高樓大廈，謂之獨矮屋大不吉，主居者會顯得寒酸，斤斤計較，並且會有壓迫感，久而久之，對身體健康極其不利。

**個案：**

筆者住家附近，蓋有乙座地上二十二層大廈，僅只一牆之隔，旁邊有八幢三層樓透天別墅，張姓人家購買後，住了五、六年，之後，男主人卻不幸罹患直腸癌，其女兒亦得了腦癌，這種煞氣實在可怕、恐怖。

另外，住在同一社區的其他幾戶富豪，原本都是擔任金融業的高階主管，於退休之後，有志一同，相偕投入數字遊戲，經過五年多的苦熬，最後，整個社區內，除了兩戶為原住「民」外，其餘六戶的主人，全部都換為新住「民」了。

除此而外，家鄉也有一位陳姓大戶農家，於兄弟分家後，老么準備要另蓋乙棟新屋子，緣因地基後面已經有乙棟老舊房子，其屋主遂提出強烈要求陳家老么，新蓋房子不能比他們的老房子高，因此，陳家老么萬不得已，才將要蓋的新房子地基酌情予以降低。

自從老么一家人搬到新房子後，他的獨生子即變得忤逆不孝，書也不好好的讀，成天沒作好事，而他本人則經年頭痛，甚至於整個人的意志不僅變得非常消沉，疑心更是十足，因而也很難與左鄰右舍相處了。

再，台中市大雅路與太原路交叉口附近，原先就蓋有乙幢二層樓別墅，其住屋右邊有一塊大空地，被一位建商買下來，準備蓋地上十二樓的商業辦公大廈，緣因基地略欠完整，建商為讓大廈能夠蓋得方整起見，乃向別墅主人要求讓售其愛屋，以便拆掉房子，增加建地面積。

唯別墅的主人認為機不可失，因以漫天要價，價錢老是談不攏，建商不得已只好打消購地拆屋的念頭，遂以原有的基地，將就地形鳩工興建；在大廈蓋完七、八年後，不知是商場失利抑或其他原因，別墅主人乃委託售屋公司出售其別墅，賣了一年多，房子才得以低價脫手。後來接手的人家，不知什麼原因卻一直未進住這幢別墅，諾大的庭院任其雜草叢生，一片荒涼，甚至於連不鏽鋼的大門亦被宵小偷去換午餐。

最近又見大門上方貼有一片「吉屋廉價出售」的廣告牌，至於「吉屋」何時得以易手，看樣子也只有上帝才知道吧！

**DIY紓解法：**

可以在門上掛個八仙彩，以提昇宅氣，或使用山海鎮、廣角鏡、五帝錢等合適的法器鎮宅出煞。

## 10・隔角煞

宅樓大門最忌和對面屋角相對，謂之隔角煞，白虎昂頭傷人丁，必得大凶。主居者健康會極其不利，甚而影響到財運。

**個案：**

筆者在鄉下有一位親人，昔日所住的宅屋大門正面，剛好有一戶人家，所搭蓋豬舍的屋角直沖過來，經過一段時日後，女主人竟而宿疾纏身，終致駕鶴西歸。

再，家鄉有一位王姓人家，住家屬三合院式，庭院前面有一幢也是三合院式房子，因受限於土面空間，祇好將出入通道設在左邊（虎方），男主人以務農為生，既不抽菸，又不嚼檳榔，很意外卻得了肺癌。

另外，以前任職於台灣省政府某處人事室主任的陳君，體力非常充沛、活力更是十足，每天清晨一大早就開始打軟式網球，幾十年如一日，從不曾間斷。

後來，因所住巷內對面新蓋乙幢二樓大別墅，其屋角剛好對到陳主任宅屋的大門，形成隔角煞，沒過了三、四年，原本身體好端端的一個人，竟然暴瘦了十幾公斤，經至台中某著名大醫院，延醫診治，也查不出確切的病因，而在群醫束手無策下，拖了個把月之後，即撒手人寰，英年早逝，誠是令人有無限的惋惜。

DIY紓解法：

應設法在大門前方適當位置，擺設屏風，山海鎮、五帝錢或廣角鏡等合適的法器，加以鎮宅出煞，或在自家左上方懸掛七寸的廣角鏡，中央貼上紅紙，以反射隔角煞即可化解。

## 11·蟲廂房

宅屋中，如果祇有三房，而取中房做為臥房，會對居住者身體不利，不宜居住。

DIY紓解法：

可以將臥房改到其他兩間房間之一。

## 12·扁擔屋

在一排建屋中，如果僅有三棟宅屋時，則位居中間的那一棟宅屋即稱為扁擔屋。意謂著住在裡面的人，凡事要負有擔挑左右兩戶的重責大任，所以心理壓力會很大，讓人有喘不過氣的感覺，謀事更是難成。

DIY紓解法：

門上可掛八仙彩以提昇宅氣，或使用山海鎮、五帝錢、廣角鏡等合適法器鎮宅。

## 13・風港（口）不宜

宅樓不宜面對兩棟大樓之間的空間，稱為天斬煞，又稱風港（台語），即風口，實在大凶。因此空間的風（氣）會集中直衝過來，形成風大（氣場太強），居住者身體會發生病變。

**個案：**

桃園龜山新樂街上，住有姓陳一家人，陳家係四層樓房，面臨大街，原在山上經營烤漆加工廠，生意興隆，日進斗金；很可惜自搬到新家之後，因新家左邊（虎方）前面，剛好對著兩棟大樓之間的一條二公尺寬的長巷，外加一支大電線桿。

陳家素來篤信佛教，平日燒香祈求保佑平安，幾年之後，陳太太即因莫名病因，在人神難醫之下，遺下三名稚齡子女而撒手人寰。再過幾年，七十多歲高齡的母親，也因上下樓梯不小心而跌斷大腿，因年紀實在太大，在體力無法負荷之下，也駕鶴西歸與世長辭。

又過了十多年，陳先生方年二十出頭的長子，受到損友的唆使，貿然投資外匯買賣，結果操作不當，背負一屁股債，不得已只好變賣家當，不但工廠換了新老板，連宅屋也遭到法院拍賣，最後，因昔日光環褪盡，竟然落到必須租屋遮蔽風雨，委屈當個公寓守衛來糊口，可見其宅屋煞氣之重，而窮於鎮煞了。

另外，在住家附近，有一大戶楊姓人家，其外大門、內大門，剛好正對著前面宅樓後面的防火巷，導致首次住進來的楊姓夫妻，於住了六年以後，卻因芝麻小事，最後竟然以離婚收場。

房子轉賣給謝姓夫妻之後，大約住了十年左右，先因太太腦瘤動過兩次大手術，雖然保住了寶貴的生命，後來卻因先生大搞外遇，到頭來也不得不各奔東西。

最後，房子又換了蘇姓新主人，蘇先生於洞察先機之後，毅然地將內、外兩道大門，全部都改建到另一邊，以避開風口，自此之後，夫婦兩人感情彌堅，經常同進同出，相敬如賓，不知羨煞了多少鄰居。

**DIY紓解法：**

可在家中客廳中央隔牆地方放置水族箱，將煞氣導入水中，或在適當地點設置一道擋風牆或種植一些大樹，以減少風量，而得以出煞。

## 14・欠缺後門

任何宅樓必定要有後門，如果欠缺後門，則會對夫妻不利。

**DIY紓解法：**

可以商請泥水工在宅樓適當位置加開一扇後門。

## 15・凹風煞

在一大區舊式公寓中，或幾幢大樓夾雜著舊式公寓時，會因建築宅屋時留有空間，爾後住戶擅將這個空間加蓋房舍，形成一個凹槽或是利用背對宅屋後面的防火巷加蓋房子，造成通風欠佳，而形成凹風煞，會影響家人身體的健康，甚或影響人際關係，婚姻亦會大受影響。

**個案：**

筆者住家附近有一戶宅第，宅屋前面比兩旁住家凸出一公尺多，屋後又頂到另一家住戶的側牆，造成通風不良，形成凹風煞，屋主人進住沒過多久，其二子年紀只有五、六歲，但不知何故，卻突然生重病而往生，不得已祇好將大門改個方位。

又過了沒多久，屋主的父親竟然罹患攝護腺癌，甚至於連屋主本人也因肝炎而差一點沒命。

**DIY紓解法：**

宜設法商請加蓋房舍的人，能夠將此房舍拆除，並把空間整平，種植一些單數闊葉植物的盆栽，果不其然，也只好搬家了。

### 16．包袱屋

宅樓屋頂上面不可以加蓋房子，因它不屬於原宅樓結構本體的一部分，而係屬於包袱樓，為一種煞氣，家人會損及錢財。如祇加蓋一間小屋，則子女會心繫外務，故大為不利。

**個案：**

有一個住在永和的朋友，其住家係位在公寓的五樓，因家內人口比較多，遂私自在頂樓加蓋兩間房子，此舉遭到同棟住戶的非議，差一點收拾不了；其夫人每天都為這件事而大操其心，弄到最後，竟然患了憂鬱症。

**DIY紓解法：**

最好的治標方法，是將頂樓加蓋部分悉數予以拆除，或者以三十六枚五帝錢，平均擺在加蓋房子的四個角落。

## 17．腰斬煞

房間中如有一根貫穿中心點的橫樑時，即為房中腰斬煞，而此橫樑剛好從外面貫穿到裡面為不吉，會有病痛或血光之災。

**DIY紓解法：**

使用葫蘆（扁蒲）內裝在廟裡求得且在主爐過火的香灰，將它懸掛在橫樑之兩側。

## 18．陰陽梯

一般上，一樓通往地下室的樓梯通常應祇有一座，但如有兩座樓梯，一座在左邊，一座在右邊，或一前一後時，即形成陰陽梯主不吉，家人會有怪異的行為，嚴重時極可能會造成精神分裂。

**DIY紓解法：**

最好的解決方法，就是拆除一邊的樓梯，將通道予以封閉。

### 19．樑不正不宜

如果宅屋地板不平，門框不正，牆壁有裂痕，大樑扭曲變形，樑柱歪斜或柱子不正，皆為大凶，主居者會感到沒有安全感、常會頭暈、血光不斷。

**DIY紓解法：**

使用葫蘆掛在大樑兩側，以及天花板的上方。

### 20．獨高屋

獨棟高樓的屋宇謂之獨高屋，如台北一〇一超高大樓，常常會因屋高招風，而高處不勝寒，故為不吉。

**個案：**

台中市自由路鬧區中，原先有乙座全市最高的辦公大樓，現在方圓幾公里內亦獨居鰲頭，無出其右的。

打從設計規劃興建當初，停車場為平面式，車輛係從大樓後面巷道進出，後因看在「錢」的份上，乃變更設計，將平面改為機械式立體停車位，如此除了可以增加停放車輛外，更將進出車道，改由大樓正面右側進出。

這一種犯了該動而不動，不該動卻爭著動的忌諱，結果在大樓不動的情況下，也祇好人自動（遠走高飛）了。殷鑑不遠，焉能不慎乎？另外，台北一〇一超高大樓於建築期間，在主體結構行將蓋至頂樓時，突然發生一場莫名的大火災，以致損失不貲。

**DIY紓解法：**

旨因樓高來自四面八方的風（氣）匯集於此，於是風大（氣場太強）影響人的身體健康，制煞之道宜在大門入口兩側設置一對石獅鎮樓。

## 21・缺角凹入不宜

一般宅樓都由四個面所造成，若凹入部分超過單面長度之三分之一者稱為缺角或是有小的凹入皆不吉，宅樓缺角旺吉凶相的情形，不外乎有下列幾種：

（1）正東缺角或凹入：運勢差，健康不佳，容易發脾氣。

（2）東南缺角或凹入：家運不濟，健康不佳，不利子嗣。
（3）正南缺角或凹入：耗損財帛，健康不佳，口角爭執也多。
（4）西南缺角或凹入：對事業有助益，但對消化系統常會出問題。
（5）正西缺角或凹入：大凶，健康欠佳，口角是非多，會有官司。
（6）西北缺角或凹入：子女較易叛逆，容易患慢性疾病。
（7）正北缺角或凹入：大凶，運勢不佳，疾病纏身。
（8）東北缺角或凹入：容易生口角，家人缺乏向心力，常有筋骨、鼻炎病痛。
（9）東西方皆缺角或凹入：主居者一生平庸，難成大業。
（10）南北方皆缺角或凹入：官司頻生，疾病不斷。

**DIY紓解法：**

設法將凹缺部分加蓋補齊，如凹缺不大，則任其自然或可使用三十六枚古錢，將其平均黏貼在缺角的牆壁上。

## 22．其他

下列各種情況的宅樓，皆不利於人居，所以應該特別加以留意。

（1）宅樓外形不能有偏斜、成扇形或左右不對稱的情形。
（2）獨棟宅樓開天窗採光時，不可太大，除陽氣過盛之外，亦容易遭受橫禍。

（3）孤聳屋。

如果宅樓四周空曠，而周圍沒有其他任何的宅樓時稱為孤聳屋，對居住者家人婚姻會有不利，同時亦會影響到家運。

**個案：**

在嘉義鄉下有一戶陳姓農家，其宅屋就建在四周空無一屋的地基上，這家人養有四個男孩，長大學成之後有當律師者、有當法官者、又有擔任公職者，可以說個個成就非凡。但不知什麼原因，每個人於娶妻生子之後，卻不幸一個跟著一個地與其原配夫人勞燕分飛，而各奔東西，這種奇特的情況，除非是巧合之外，夫復何言？

（4）老舊年久失修沒有人住的宅樓。

（5）外牆剝落，門前雜草叢生。

（6）宅樓外形不可呈十字型或「ㄇ」字型。

（7）外大門的顏色，忌用深藍色、紅色及黑色，以乳白色為佳。

**DIY紓解法：**

宅樓如有上述這些情況之一者，可以考慮更換新家，或商請大師幫忙開示。

## 第四節 車庫

我們這裡所指的車庫，在庭院中係屬於獨立的房子，而非附屬於公寓、大廈的地下室那種車庫。車庫屬於遷移宮和福德宮，掌握交通的吉凶。

車庫是專為停放愛車用的，故對交通和行樂有很大的關係，愛車如能保養得很好，則與車庫有密切的關連。

太陽光線的照射關係著車庫之方位，若車庫位置會有陽光過多曝曬的話，日子一久愛車也就很容易破舊，故需經常花錢更換愛車。

車庫如果陽光照射不到時，則很容易潮濕，愛車的板金、零件容易腐蝕，也必須花錢加以維修，否則的話，愛車很容易變舊，所以說，太陽光線對車庫是有很重要的影響。

很重要的一點，即如為獨棟宅屋或別墅，車庫絕對不可以設在地下室，如果一樓沒有車庫，最好另外再蓋一間，並且應避免通風孔侵入室內，免得烏賊車所排放的廢氣大量滲入室內，不但會妨礙到全家人身體的健康，同時更會影響到宅運。

# 第六章　宅屋格局與擺設

本章將介紹在陽宅相術中，廣被用來論斷宅屋方位的吉凶。首先討論八卦遊年，其次星入宮生剋的意義以及判斷吉凶的方法。

最後，併論居家重要擺設以及種植花木，如何才能求得趨吉避凶，以便讀者能據以作為家居宅屋DIY紓解的準繩。

# 第一節 八卦遊年

此處所言之八卦乃為易經中之八卦，即乾、坎、艮、震、巽、離、坤及兌八卦，各卦之遊年歌訣如下：

乾六天五禍絕延生。

坎五天生延絕禍六。

艮六絕禍生延天五。

震延生禍絕五天六。

巽天五六禍生絕延。

離六五絕延禍生天。

坤天延絕生禍五六。

兌生禍延絕六五天。

有關上述這些遊年歌訣，為增進讀者的了解，特繪製其八宮掌訣圖，首先說明各圖中所代表的意義，以及八宮掌訣之順序。

1．生

生氣方貪狼星，屬木上上吉。可增強生命力、活動力、強化競爭力，發揮更高領導力。

2．延

延年方武曲星，屬金大吉。具凝聚力處事穩重，愛情婚姻，人際關係，更具協調與處理能力。

3．天

天醫方巨門星，屬土中吉。身體、心理均能健康快樂．可以消除煩惱，穩定生理作息，常有貴人相助。

4．伏

伏位方左輔（輔弼）星。屬木小吉。思慮清晰，明辨立場，提高自覺，增強責任感與經濟能力，人際關係良好。

5．禍

禍害方祿存星，屬土小凶。身體狀況下降，瑣事眾多，缺乏自信，意志力薄弱，易於疲勞。

**6．六**

六煞方文曲星，屬水中凶。心理有負擔，心情鬱卒，欠缺樂觀向上的進取心，容易犯錯逃避現實，判斷力薄弱。

**7．五**

五鬼方廉貞星，屬火大凶。會脾氣暴躁，容易動怒、焦躁、人際關係欠佳、事事妄想，最終必無所成。

**8．絕**

絕命方破軍星，屬金極凶。會有精神疾病，心理有極大的破壞力，人際關係不佳，容易被誤解，甚或遭受中傷。

底下我們就將八宮的遊年，它所代表的圖形，依序加以繪製。

| 巽<br>絕命<br>破軍 金 | 離<br>禍害<br>祿存 土 | 坤<br>生氣<br>貪狼 木 |
|---|---|---|
| 震<br>六煞<br>文曲 水 | | 兌<br>延年<br>武曲 金 |
| 艮<br>伏位 | 坎<br>五鬼<br>廉貞 火 | 乾<br>天醫<br>巨門 土 |

**艮宮**（土宮）

艮六絕禍延天五。
艮伏位佔本宮

| 巽<br>禍害<br>祿存 土 | 離<br>絕命<br>破軍 金 | 坤<br>延年<br>武曲 金 |
|---|---|---|
| 震<br>五鬼<br>廉貞 火 | | 兌<br>生氣<br>貪狼 木 |
| 艮<br>天醫<br>巨門 土 | 坎<br>六煞<br>文曲 水 | 乾<br>伏位 |

**乾宮**（金宮）

乾六天五禍延絕生。
乾伏位佔本宮

| 巽<br>延年<br>武曲 金 | 離<br>生氣<br>貪狼 木 | 坤<br>禍害<br>祿存 土 |
|---|---|---|
| 震<br>伏位 | | 兌<br>絕命<br>破軍 金 |
| 艮<br>六煞<br>文曲 水 | 坎<br>天醫<br>巨門 土 | 乾<br>五鬼<br>廉貞 火 |

**震宮**（木宮）

震延生禍絕五天六。
震伏位佔本宮

| 巽<br>生氣<br>貪狼 木 | 離<br>延年<br>武曲 金 | 坤<br>絕命<br>破軍 金 |
|---|---|---|
| 震<br>天醫<br>巨門 土 | | 兌<br>禍害<br>祿存 土 |
| 艮<br>五鬼<br>廉貞 火 | 坎<br>伏位 | 乾<br>六煞<br>文曲 水 |

**坎宮**（水宮）

坎五天生延絕禍六。
坎伏位佔本宮

| 巽<br>五鬼<br>廉貞 火 | 離<br>六煞<br>文曲 水 | 坤<br>伏位 |
|---|---|---|
| 震<br>禍害<br>祿存 土 | | 兌<br>天醫<br>巨門 土 |
| 艮<br>生氣<br>貪狼 木 | 坎<br>絕命<br>破軍 金 | 乾<br>延年<br>武曲 金 |

**坤宮**（土宮）

坤天延絕生禍五六。
坤伏位佔本宮

| 巽<br>伏位 | 離<br>天醫<br>巨門 土 | 坤<br>五鬼<br>廉貞 火 |
|---|---|---|
| 震<br>延年<br>武曲 金 | | 兌<br>六煞<br>文曲 水 |
| 艮<br>絕命<br>破軍 金 | 坎<br>生氣<br>貪狼 木 | 乾<br>禍害<br>祿存 土 |

**巽宮**（木宮）

巽天五六禍生絕延。
巽伏位佔本宮

| 巽<br>六煞<br>文曲 水 | 離<br>五鬼<br>廉貞 火 | 坤<br>天醫<br>巨門 土 |
|---|---|---|
| 震<br>絕命<br>破軍 金 | | 兌<br>伏位 |
| 艮<br>延年<br>武曲 金 | 坎<br>禍害<br>祿存 土 | 乾<br>生氣<br>貪狼 木 |

**兌宮**（金宮）

兌生禍延絕六五天。
兌伏位佔本宮

| 巽<br>天醫<br>巨門 土 | 離<br>伏位 | 坤<br>六煞<br>文曲 水 |
|---|---|---|
| 震<br>生氣<br>貪狼 木 | | 兌<br>五鬼<br>廉貞 火 |
| 艮<br>禍害<br>祿存 土 | 坎<br>延年<br>武曲 金 | 乾<br>絕命<br>破軍 金 |

**離宮**（火宮）

離六五絕延禍生天。
離伏位佔本宮

# 第二節　星入宮生剋

在陽宅相術中，有金、木、水、火、土五行，這五行也各有其代表的星與宮，即金、木、水、火、土五星，也有乾（金）、兌（金）、震、巽（木）、坎（水）、離（火）、坤、艮（土）著宮。

星入於宮必定會衍生相生互剋，故而會有吉利、凶煞之現象發生，本節特地將生剋的情形與影響，分別加以討論。

## 一、金星

金星入宮主要是針對金、木、水、火、土各宮的次序，陸續闡釋星宮之間，彼此生剋的情況及其對宅屋吉凶的影響。

### 1．金星入金宮

武曲、破軍悉為金星，而乾、兌則為金宮，金星入金宮，此乃武曲星入乾、兌二宮，二宮比鄰則必財源廣進，子孫滿堂，吉祥平安，六畜益加興旺。

然武曲宮入乾、兌宮，雖可添丁發財，但破軍金入乾、兌宮，則必多凶事，財帛虛耗，家道日衰，人丁漸稀，六畜俱傷。如為武曲與乾金悉傷陽，破軍與兌金俱傷陰。

## 2．金星入木宮

武曲、破軍悉為金星，震、巽概為木宮，金星入木宮，此乃武曲、破軍星入震、巽宮，即金在上，而木在下為星剋宮。無論是武曲或破軍星入震宮，主傷長子，若入巽宮則傷長媳。故金星剋震（木宮），主家人多病變，並易生不測。

## 3．金星入水宮

武曲、破軍為金星，坎為水宮，金星入水宮，此乃武曲、破軍星入坎宮，即金在上，而水在下為星生宮。對武曲而言，因金能生水，故主家運昌隆，福祿並增，財帛滾滾，人丁旺盛，唯對破軍而言，則大為不利，主凶多而吉少。

## 4．金星入火宮

武曲、破軍為金星，離為火宮，金星入火宮，即武曲、破軍星入離宮，此乃金在上，而火在下為宮剋星大凶。因根身受剋，故財帛耗盡，子孫敗絕。

### 5．金星入土宮

武曲、破軍為金星，坤、艮為土宮，金星入土宮，即武曲、破軍星入坤、艮宮，此乃金在上，土在下為宮生星，因土能生金，故家業興隆，人財兩旺，兒孫滿堂，千春不衰。

## 二、木星

木星入宮主要是針對金、木、水、火、土各宮的次序，陸續闡釋星宮之間，彼此生剋的情況及其對宅屋吉凶的影響。

### 1．木星入金宮

貪狼為木星，乾、兌為金宮，木星入金宮，即貪狼星入乾、兌宮，此乃木在上，而金在下為宮剋星，乃根身受剋，木星入乾宮傷陽，入兌宮先吉後凶，幾十年之後，必財退而人稀，又多宿疾。

### 2．木星入木宮

貪狼為木星，震、巽俱為木宮，木星入木宮（震、巽宮），即貪狼星入本宮，故得家運興隆，財帛廣進，人丁旺盛，百事順遂。

**3・木星入水宮**

貪狼為木星，坎為水宮，木星入水宮，即貪狼星入坎宮，此乃木在上，而水在下為宮生星，水養木，因此根身茂盛，另因貪狼木是福星，遇到坎水必得大發，因而人丁旺盛，錢財大旺。

**4・木星入火宮**

貪狼為木星，離為火宮，木星入火宮，即貪狼星入離宮，此乃木在上，而火在下為星生宮，則必五穀豐收，財帛廣進，家人平安。然因木雖能生火，又恐火過旺，燒盡木根，而會有絕嗣之虞，此誠水能載舟，亦能覆舟也。

**5・木星入土宮**

貪狼為木星，坤、艮為土宮，木星入土宮，即貪狼星入坤、艮宮，此乃木在上，而土在下為星剋宮，主財運衰退，又土被木剋，家人多病，百業難興。

## 三、水星

水星入宮主要是針對金、木、水、火、土各宮的次序，陸續闡釋星宮之間，彼此生剋的情況及其對宅屋吉凶的影響。

**1．水星入金宮**

文曲為水星，乾、兌為金宮，水星入金宮，即文曲星入乾、兌宮，此乃水在上，而金在下為宮生星，雖有煞事，然宮星相生，故而開始財運昌隆，最後則會散盡。

**2．水星入木宮**

文曲為水星，震、巽為木宮，水星入木宮，即文曲星入震、巽宮，此乃水在上，而木在下為星生宮，雖有煞事，然宮星相生，故得家道日昌，貲財興旺，六畜亦旺。

**3．水星入水宮**

文曲為水星，坎為水宮，水星入水宮，即文曲星入本宮（坎宮），因壬、癸方太重，導致家道日衰，財帛虛耗，疾病不斷，子孫稀少。

**4．水星入火宮**

文曲為水星，離為火宮，水星入火宮，即文曲星入離宮，此乃水在上，而火在下，為星剋宮，稱為水火相煎，家人官司會不絕，盜賊不斷，六畜難養，家業空虛，火遭水剋，各種疾病頻生。

### 5．水星入土宮

文曲為水星，坤、艮為土宮，水星入土宮，即文曲星入坤、艮宮，此乃水在上，而土在下為宮剋星，根身受剋，百病頻生，人離財散。

若文曲星入於坤宮，則會傷及婦女；入於艮宮，則男人遭殃。

## 四、火星

火星入宮主要是針對金、木、水、火、土各宮的次序，陸續闡釋星宮之間，彼此生剋的情況及其對宅屋吉凶的影響。

### 1．火星入金宮

廉貞為火星，乾、兌為金宮，火星入金宮，即廉貞星入乾、兌宮，此乃火在上，而金在下為星剋宮，入於乾宮傷主居者，官司不斷。入於兌宮，必傷少女，有心痛、血光之災。若金被火傷，恐有兩舌是非。

**2．火星入木宮**

廉貞為火星，震、巽俱為木宮，火星入木宮，即廉貞星入震、巽宮，此乃火在上，而木在下為宮生星，然因廉貞勢大，木雖能生火，不但難得吉祥，反而招惹凶煞，主財帛虛耗，家運不濟，兩舌是非，官司纏身。

**3．火星入水宮**

廉貞為火星，坎為水宮，火星入水宮，即廉貞星入坎宮，此乃火在上，而水在下為宮剋星，因水火不容，必得財帛退散，家業衰落。

**4．火星入火宮**

廉貞為火星，離為火宮，火星入火宮，即廉貞星入離宮，此乃火上加火，火焰更烈，發凶快，對家人大為不利，非但破財、家人背離，更會疾病交雜，此廉貞星為五鬼凶星，因而凶惡至極。

**5．火星入土宮**

廉貞為火星，坤、艮為土宮，火星入土宮，即廉貞星入坤、艮宮，此乃火在上，而土在下為星生宮，唯因火（廉貞）星為五鬼凶星，故吉少凶多。如火星入坤，則傷家母，火星入艮，大傷家中男人，體弱多病，財帛耗散，家道日趨式微。

## 五、土星

土星入宮主要是針對金、木、水、火、土各宮的次序，陸續闡釋星宮之間，彼此生剋的情況及其對宅屋吉凶的影響。

### 1．土星入金宮

巨門、祿存均為土星，乾、兌為金宮，土星入金宮，即巨門、祿存星入乾、兌宮，此乃土在上，而金在下為星生宮，如巨門星入乾、兌官中，主財運亨通，子孫繁衍。祿存星入兌宮，人人陰；入乾宮，損男子；另因土有互異，祿存屬陰土，土雖能生金，但難於持久，終必潰散，財帛消耗殆盡。

### 2．土星入木宮

巨門、祿存皆為土星，震、巽為木宮，土星入木宮，即巨門、祿存星入震、巽宮，此乃土在上，而木在下為宮剋星，根身受剋，禍害不輕；如巨門星受剋，主傷男人，家業凋零，財帛散盡；祿存星受剋，則家人容易罹患痼疾。

### 3．土星入水宮

巨門、祿存為土星，坎為水宮，土星入水宮，即巨門、祿存星入坎宮，此乃土在上，而水在下為星剋宮，星宮兩不順，財帛耗損，家道衰落；而土（巨門、祿存）星入水（坎）宮，則家人疾病不絕。

### 4．土星入火宮

巨門、祿存皆為土星，離為火宮，土星入火宮，即巨門、祿存星入離宮，此乃土在上，而火在下為宮生星，星宮俱順，諸事如意，榮華富貴，財帛廣進。就巨門土星而言，火能生土，故必福祿長壽，平安吉慶，兒孫滿堂；若為祿存土星，則必凶多吉少。

### 5．土星入土宮

巨門、祿存都是土星，坤、艮悉為土宮，土星入土宮，即巨門、祿存星入坤、艮宮，若為巨門土星而入艮宮，主傷少子，入坤宮則必傷老母，故而兩者皆傷。至於土（巨門、祿存）星入土（坤、艮）宮，因土多家人必多病，錢財耗盡，多災多難。

我們在結束本節討論之前，特別將前述宮星相生、互剋，對家人宅運、身體、財帛所造成的各種影響，彙總簡述如下：

## 1・宮星相生（指星生宮）

土星入乾宮，土生乾金，畜興財旺，兒孫滿堂。

金星入坎宮，金生坎水，人口平安，福增財盛。

火星入艮宮，火生艮土，凶多吉少，財散人亡。

水星入震宮，水生震木，家道昌盛，財興畜旺。

水星入巽宮，水生巽木，人口平安，畜旺財興。

木星入離宮，木生離木，人口平安，財帛茂盛。

火星入坤宮，火生坤土，凶多吉少，財退家落。

土星入兌宮，土生兌金，子孫綿延，財旺畜興。

## 2・宮星互剋（指星剋宮）

火星入乾宮，火剋乾金，多傷家長，血光橫死。

土星入坎宮，土剋坎水，禍延子孫，痼疾難以痊癒。

木星入艮宮，木剋艮土，主傷男子。

金星入震宮，金剋震木，家人多病、男多凶死。

金星入巽宮，金剋巽木，主傷長婦，婦人會有眼疾。

水星入離宮，水剋離火，必傷妻損子。

木星入坤宮，木剋坤土，主有疥癩之疾，脾胃皆傷。

火星入兌宮，火剋兌金，主傷少女，會有心痛、血光之災。

# 第三節 居家擺設

隨著科技進步，經濟繁榮，人們生活水準亦因之大為提昇，是以各種日用器物、飾品充斥屋內，如擺設稍為不慎，則會影響到宅運以及身體健康與事業的榮枯。

本節專注於討論宅樓中，所有器物、飾品如何擺設，始得吉利的方位，對催旺宅運才有助益。

## 一、地毯

大門口是藏風納氣的地方，所以務必要保持光亮明淨，朝氣蓬勃，因此，可以在大門前擺上乙塊紅色地毯（塑膠製也可以），一者在進門之前先擦淨鞋子，再者增添喜氣以迎嘉賓。地毯大小不必太大，亦不宜過小，與大門寬度一樣大小就可以。

## 二、鞋「貴」

常言開門見貴（櫃），即希望能夠恭迎貴人入門，帶來好宅運，因此，鞋櫃的選擇與擺設也就額外顯得重要了。就這個問題，此處特別提出幾點應該注意的事項闡釋如下：

**1．顏色**

鞋櫃的顏色，最好採用明亮且能與大門的顏色和五行金、木、水、火、土相互配合，如五行屬於金，大門顏色為白色，則鞋櫃最適合的顏色為土黃色、米黃色；五行屬木，大門顏色為綠色，鞋櫃應為藍色、黑色；五行屬土，大門為土黃色或米黃色，鞋櫃應為紅色、棗紅色等等。

**2．大小**

至於鞋櫃大小，一般以低於主人身高的三分之二為最適宜，太高或頂到天花板或是隱藏式的鞋櫃，稱為全高櫃，這實在是一種不理想的造型故而不宜。

**3．材質**

鞋櫃的材質，為了避免干擾屋內的氣場、磁場，不宜使用金屬製品，強力建議使用木製品，以免影響宅運。

**4．鞋子收藏**

鞋子不可隨意擺在門前，鞋櫃也不能沒有門，否則，穢氣會四散，而不利宅運。一般鞋櫃分為三層，即上、中、下或稱天、人、地三層，常穿的鞋子比較髒，穢氣也重，最好擺在「地」層。

偶爾穿穿的鞋子應該擺在「人」層，經年難得穿一次或全新的鞋子，則應擺在「天」層，小心不要錯擺，把髒、臭的鞋子擺在上頭，會讓人的腦神經衰弱，抑或有偏頭痛等擾人的疾病。

## 5．鞋子擺放

鞋子放入鞋櫃內時，鞋子頭部要朝裡面，以免打開鞋櫃取用鞋子時，鞋子的尖頭衝向自己，久而久之，對己身不利。還有重要的一點，鞋子頭部絕不可以朝下，要不然會有運勢下滑的趨勢。

## 三、電器製品

現在每戶每家，幾乎都擁有不少的電器製品，如電視、３Ｃ產品、冰箱、冷氣等等，這些電器製品應該如何擺放，才能求得宅運昌旺，實在是一門很大的學問。

### １・電視

電視通常擺在客廳或起居室內，不可以在動線上，以免妨礙觀看電視，同時與觀看者的距離不宜太近，才不會受到幅射線（電磁波）的影響，以及有傷孩童的視力。電視大小應視客廳的大小而定，光線也不能太亮或太暗，免得傷害眼睛。

### ２・３Ｃ產品

手機、電話、傳真機及電腦３Ｃ產品為現代人所必備的生財器具，它不但能夠增進人際關係，而且也能增加財運，所以應擺對方位，對事業才能有所幫助。

如果可能的話，這些生財器具宜擺在向陽的方位，這樣凡事成功的機率會比較高。電話、傳真機可以放在明財位上，即宅屋入門的斜角線上，如此業務才會蒸蒸日上，財運亦會較為穩定。

## 3．冰箱

冰箱是暗財庫，最好不要隨便讓外人看到，以免影響財運。冰箱門不宜正對大門，代表錢財外漏，難於累積財富。

房門不可與冰箱門相對，否則，住在房內的人，常會腸胃不適，容易生病。冰箱門也不宜對著後門，代表小人很多，容易失財。

其他如冰箱門也不可以正對著廁所門，表示存放物質的地方，不能與污穢的地方相對，果不其然，非但有欠衛生，而且更會影響到家人的食慾以及身體的健康。

最重要的一點，就是冰箱的門不能夠與爐火相對，以避免水火相煎，而影響到家中的宅運，以及家人身體的健康。

## 第四節 古董飾物

家中如有字畫、古董、雕刻品或是一些造型奇特的物品，要有主體性的擺放，也不可任由它藏污納垢，無論擺放任何的物品，一定要擦拭乾淨，否則，非但不能避邪接氣，恐怕還會適得其反。

凡人收藏古董時，必須淨心領悟個中的涵意，俾做為自己為人處事的座右銘。

**1．字畫**

客廳掛字畫是最常見的習慣，但是要配合主人的身分，也就是要適畫適所。一般上字畫應掛在一進門就看得到的牆壁上，通常是客廳最大面的牆壁，或是沙發後面的那一道牆上。

**2．木雕**

木雕藝術品不可以擺放在宅屋中心點，否則會壓到全家人的運道，也不可以擺在互剋方位。木雕容易熱漲冷縮，也容易龜裂，如有這種情形的話，必須加以修補或棄置不用，另外，要在其底座用紅色絨布或紅紙當底墊，這樣才能預防精神耗虛，影響健康。

### 3・石雕（頭）

石雕（頭）常具有靈性，故不宜多放，石頭撿回來後一定要洗淨，並透過陽光照射，再在其底部點上紅丹，俾避免邪靈入侵，要不然，家人非但容易精神耗虛，也比較容易得到腫瘤之類的惡疾。

**個案：**

作者有位摯友，生性嗜好收集奇石，因此，家中客廳內擺了很多從河中檢回來的各種奇石，而這些奇石事先並未作避邪處理，久而久之，其夫人卻不幸罹患了肺部腫瘤惡疾。

**DIY紓解法：**

亡羊補牢，必須先作避邪處理，即將這些奇石搬到室外，用紅紙墊底，露天擺放三天三夜，俟第三天中午用紅布遮蓋後，再行收進家中。

### 4・石獅

它象徵著步步高升，財源滾滾，也具有趨吉避凶的效力。擺在門口，可以擋住一切不祥之物，除了可帶來祥和及鎮宅招財之外，也代表權威氣勢。石獅一定要成雙，不宜單擺一隻，如擺設不妥，家人會顯得比較固執，人際關係也會比較差。

## 5．麒麟

麒麟為五靈獸之一，公的稱為麒，母的稱為麟。麒麟乃神獸，守禮守信，為吉祥降臨的前兆，除可鎮宅招財以外，復具有保護主人的功能，可以當制煞物的法器，亦可擺在宅中陽台向陽的地方。

## 6．貔貅

這種像虎又像豹的貔貅，非常適合用來招偏財，它有公母之分，公的代表財運，母的則代表財庫，所以必須擺一對，乃因有財必得用金庫加以儲存，如果事業發展不順遂時，可以利用貔貅來謀求發展。

## 7．牛角

牛角為一般常用的客廳擺飾物，可以避邪，越大越好，兩邊要匀稱，擺放位置以在客廳中不易碰到之處為最適

宜。

**8．馬**

擺飾用的馬分為瓷製馬與銅製馬，兩者均視為財，馬頭要朝外，代表馬到成功，也象徵出外求財；反之，馬蹄恐將損毀家具，家中亦難於安寧。

**9．公雞**

我們知道，萬物皆有靈、煞，而有煞必得加以化解，公雞因為具有靈性，可以吃小蟲、咬蜈蚣，如宅屋附近有鐵塔，或電線穿越陽台，或小孩經常鬧胃腸不適，此時可以擺放一隻銅雞來加以化解，切記雞頭要放向室外，另因公雞生性好鬥，所以僅可擺一隻，擺多了彼此會忙於互鬥，而無法遂行化煞。

其他如扇子、寶劍或利刃等，也都有人喜歡收藏，但應注意尖銳的物品，一定要用紅布包裝好裝在盒內，以免傷人而滋生危險。

# 第五節 花木的種植

一般人常常會運用植物來開運招財，因此，都會種植一些花草樹木。因花與發同音，故在過年為求有個好彩頭，也都會買一些鮮花來應景。在宅院中以闊葉、圓葉的植物為最好，會為宅屋適時補充陽氣。

至於在眾多花草當中，哪一種比較適宜擺在屋內或種植在院子內，又何者兩不宜，特分別加以說明如下：

## 一、適宜植物

一般上，宅屋中適宜擺放或種植的植物，此處特列舉十一種詳加以介紹。

### 1．桂花

求功名，即求尊貴，適宜種植在庭院之中。

### 2．雞冠花、菊花

求功名，代表登科中舉之意，適宜種植在院子中。菊花又象徵隱士、君子、高潔。

**3・香氣的花**

可招來財神，適宜擺在玄關或明財位上。

**4・鳳梨**

象徵旺來，可擺在明財位或玄關櫃上。

**5・金桔**

表黃金滿滿，大吉大利，過年必備的植物。

**6・紅色花卉**

可以提升人際關係，適宜擺在門口玄關。

**7・水仙**

用喻有貴人相助，可以擺在入口左手邊。

**8・發財樹**

代表一見發財，可以擺在陽台外面。

9·芙蓉花

用於求夫榮，即指丈夫榮華富貴，適合擺在書房裡面。

10·牡丹花

能夠增進夫妻感情，適宜擺在主臥房內。牡丹花又象徵華麗、高貴、富貴、吉祥。

11·開運竹

隱喻事業步步高升，擺設在書桌上。竹子又象徵虛懷若谷、品德高超、堅貞不移。

## 二、不適宜的植物

宅屋中不適宜種植或擺放的植物，此處僅列舉三種予以說明。

1．**蕨類植物**：

因此類植物濕氣比較重，故不宜多種，否則人際關係將會受到影響。

2．**有刺植物**：

如仙人掌、玫瑰等，除人際關係會受到影響外，家人也容易長骨刺。

3．**爬藤植物**：

如黃金葛，不宜多種，否則，必會有官司而且是非不絕。

宅屋中適宜植物與不適宜植物，除了以上所介紹幾種之外，另外還有不少的植物，已在本書第四章中或將在本書各章節中賡續加以介紹，此處不再縷述。

最後，凡人應該要知道，任何有生命的植物，務必要設法保持它的生命力，如果有疏於照顧或者因空氣、光線不良而枯萎時，則應儘快加以更換，果不其然，必定會為主人帶來不吉利。

# 第七章　東西四宅

在宅屋格局中，討論各房間方位的吉凶，有所謂的東西四宅或稱八宅。東四宅為坎、離、震及巽；西四宅為乾、坤、艮及兌；東西四宅互不推混，如東西四宅互相混合，則會有木剋土、火剋金、金剋木，而有六煞、禍害、五鬼及絕命的凶相。

於討論宅屋格局吉凶方位時，特別強調因不同門派有互異的見解，故特別加以分列為甲乙兩種觀點，以供讀者自行加以研判，而選擇應用。

# 第一節　東四宅

東四宅包括坎、離、震及巽四宅，它乃係水木相生，木火通明，而為天醫、生氣及延年三吉星，如能一氣修成象，則必子孫興旺，榮華富貴。

## 一、坎宮（宅）

（一）座向：坐北（坎）向南（離）。

（二）吉凶方位口訣：坎五天生延絕禍六。

（三）掌訣圖：示如下圖（圖中陰影部位表凶方）。

（四）格局吉凶方位：

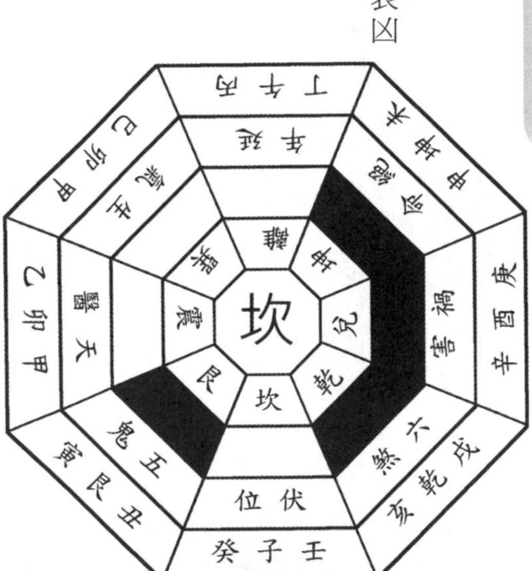

## 1·大門

**甲派觀點：**

（1）東南（巽）方：生氣方之辰、巳字位為上上吉。

（2）南（離）方：延年方之午字位為大吉。

（3）東（震）方：天醫方為中吉。

（4）北（坎）方：伏位方之子字位為小吉。

（5）西（兌）方、西北（乾）方、東北（艮）方、西南（坤）方等四方均不主張設置大門。

**乙派觀點：**

（1）東南（巽）方：生氣方為上上吉。

（2）南（離）方：延年方為大吉。

（3）東（震）方：天醫方為中吉。

（4）北（坎）方：伏位方為小吉。

（5）西（兌）方：禍害方為小凶。

（6）西北（乾）方：六煞方為中凶。

（7）東北（艮）方：五鬼方為大凶。

（8）西南（坤）方：絕命方為極凶。

## 2．臥房

**甲派觀點：**

（1）東南（巽）方：生氣方為上上吉。

（2）南（離）方：延年方為大吉。

（3）東（震）方：天醫方為中吉。

（4）北（坎）方：伏位方為小吉。

（5）西（兌）方、西北（乾）方、東北（艮）方、西南（坤）方等四方皆不主張設置臥房。

**乙派觀點：**

詳細請參閱本（坎）宮「1．大門」中乙派觀點之論述。

## 3．書房

**甲派觀點：**

這一派大師對於書房的論述，並不涉及太多方位有關的問題，而最在意其周遭的環境，因此，對於書房的設置，主要著重下面幾個問題。

（1）清爽光亮。

（2）氣氛安寧。

（3）空氣新鮮。

（4）光線充足。

（5）色澤清爽。

（6）書桌方位宜在窗前。

**乙派觀點：**

詳細請參閱本（坎）宮「1．大門」中乙派觀點之論述。

## 4．廚房

**甲派觀點：**

以下所指的方位，係指火口方向而非爐灶位置。

（1）東南（巽）方：生氣方為上上吉。

（2）南（離）方：延年方為大吉。

（3）東（震）方：天醫方為中吉。

（4）北（坎）方：伏位方為小吉。

（5）爐灶或瓦斯爐的火口均不得向西（兌）方、西北（乾）方、東北（艮）方、西南（坤）方等四方。

**乙派觀點：**

詳細請參閱本（坎）宮「1．大門」中乙派觀點之論述。

## 5・神明廳

甲派觀點：

這一派大師對於神明廳的論述，並不涉及太多方位有關的問題，而最在意其周遭的環境，因此，對於神明廳的設置，主要著重下面幾個問題。

（1）神位要在旺方。

（2）要在不動方。

（3）勿在人潮流動處。

（4）不宜在進大門兩側牆上。

（5）莫在樑柱下方。

（6）不可對著臥室、浴廁的門。

（7）勿靠著臥室的牆上等。

乙派觀點：

詳細請參閱本（坎）宮「1・大門」中乙派觀點之論述。

## 6．浴廁

**甲派觀點：**

這一派的觀點主張浴室、廁所，宜設在宅屋凶方則為吉利。

（1）西南（坤）方：絕命方為吉。

（2）東北（艮）方：五鬼方為吉。

（3）西北（乾）方：六煞方為吉。

（4）西（兌）方：害禍方為吉。

（5）東南（巽）方、南（離）方、東（震）方、北（坎）方等四方，俱不主張設置浴室、廁所。

由上面可知，這一派大師主張浴廁設在凶方，其主要目的是希望能收到「以凶壓凶」的最大效果。

**乙派觀點：**

詳細請參閱本（坎）宮「1．大門」中乙派觀點之論述。

## 7．其他

甲派觀點：

（1）水井在宅屋東南（巽）方生氣方之辰、已字位為大吉。

（2）牛馬等六畜欄在宅屋東南（巽）方生氣方為大吉。

## 二、離宮（宅）

（一）座向：坐南（離）向北（坎）。

（二）吉凶方位口訣：離六五絕延禍生天。

（三）掌訣圖：示如下圖（圖中陰影部位表凶方）。

（四）格局吉凶方位：

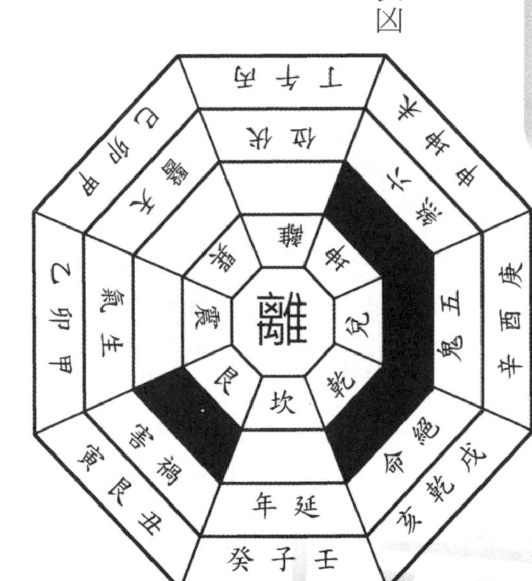


### 1．大門

**甲派觀點：**

（1）東南（巽）方天醫方之巳字位為上上吉。

（2）東（震）方生氣方為大吉。

（3）北（坎）方延年方之壬字位為中吉。

（4）南（離）方、西（兌）方、西北（乾）方、東北（艮）方及西南（坤）方等五方都不主張開設大門。

乙派觀點：

（1）東（震）方生氣方為上上吉。

（2）北（坎）方延年方為大吉。

（3）東南（巽）方天醫方為中吉。

（4）南（離）方伏位方為小吉。

（5）東北（艮）方禍害方為小凶。

（6）西南（坤）方六煞方為中凶。

（7）西（兌）方五鬼方為大凶。

（8）西北（乾）方絕命方為極凶。

## 2・臥房

甲派觀點：

（1）東（震）方生氣方為上上吉。

（2）北（坎）方延年方為大吉。

（3）東南（巽）方天醫方為中吉。

（4）南（離）方伏位方為小吉。

（5）西（兌）方、西北（乾）方、東北（艮）方、西南（坤）方等四方皆不主張設置臥房。

**乙派觀點：**

詳細請參閱本（離）宮「1．大門」中乙派觀點之論述。

## 3．書房

**甲派觀點：**

詳細請參閱本節坎宮中有關書房的介紹。

**乙派觀點：**

詳細請參閱本（離）宮「1．大門」中乙派觀點之論述。

## 4．廚房

**甲派觀點：**

以下所指的方位，係指火口方向而非爐灶位置。

（1）東（震）方生氣方為上上吉。

（2）北（坎）方延年方為大吉。

（3）東南（巽）方天醫方為中吉。

（4）南（離）方伏位方為小吉。

（5）爐灶的火口都不主張朝向西北（乾）方、西（兌）方、西南（坤）方及東北（艮）方等四方。

**乙派觀點：**

詳細請參閱本（離）宮「1．大門」中乙派觀點之論述。

## 5．神明廳

**甲派觀點：**

詳細請參閱本節坎宮中有關神明廳的介紹。

**乙派觀點：**

詳細請參閱本（離）宮「1．大門」中乙派觀點之論述。

## 6．浴廁

**甲派觀點：**

（1）西北（乾）方絕命方為上上吉。

（2）西（兌）方五鬼方為大吉。

（3）西南（坤）方六煞方為中吉。

（4）東北（艮）方禍害方為小吉。

（5）東（震）方、北（坎）方、東南（巽）方、南（離）方等四吉方都不主張設置浴廁。

由上面可以得知，這一派大師主張浴廁設在凶方，其主要目的是希望能收到「以凶壓凶」的最大效果。

**乙派觀點：**

詳細請參閱本（離）宮「1．大門」中乙派觀點之論述。

## 7．其他

**甲派觀點：**

（1）牛馬等六畜欄設在宅屋東（震）方生氣方為大吉。

（2）水井設在宅屋東（震）方生氣方的卯字位為大吉。

## 三、震宮（宅）

（一）座向：坐東（震）向西（兌）。

（二）吉凶方位口訣：震延生禍絕五天六。

（三）掌訣圖：示如下圖（圖中陰影部位表凶方）。

（四）格局吉凶方位：

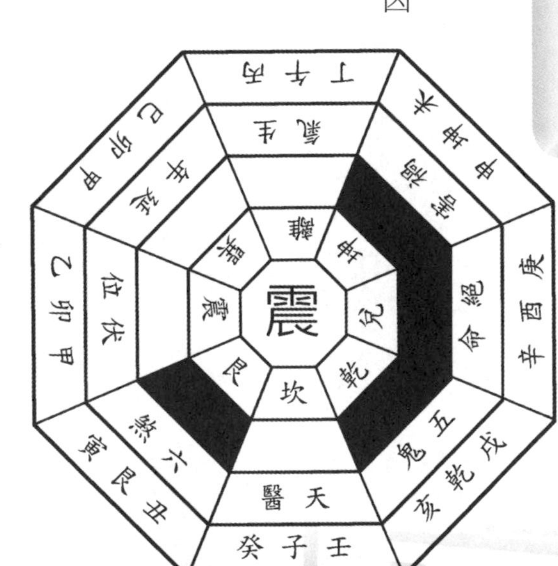


### 1・大門

**甲派觀點：**

（1）東（震）方伏位方為上上吉。

（2）東南（巽）方延年方為大吉。

（3）北（坎）方天醫方為中吉。

（4）南（離）方生氣方為小吉。

（5）西（兌）方、西北（乾）方、東北（艮）方、西南（坤）方等四方都不主張開設大門。

乙派觀點：

（1）南（離）方生氣方為上上吉。

（2）東南（巽）方延年方為大吉。

（3）北（坎）方天醫方為中吉。

（4）東（震）方伏位方為小吉。

（5）西南（坤）方禍害方為小凶。

（6）東北（艮）方六煞方為中凶。

（7）西北（乾）方五鬼方為大凶。

（8）西（兌）方絕命方為極凶。

## 2．臥房

甲派觀點：

（1）南（離）方生氣方為上上吉。

（2）東南（巽）方延年方為大吉。

（3）北（坎）方天醫方為中吉。

（４）東（震）方伏位方為小吉。

（５）西（兌）方、西北（乾）方、東北（艮）方、西南（坤）方等四方都不主張做為臥房。

**乙派觀點：**

詳細請參閱本（震）宮「１．大門」中乙派觀點之論述。

## ３．書房

**甲派觀點：**

詳細請參閱本節坎宮中有關書房的介紹。

**乙派觀點：**

詳細請參閱本（震）宮「１．大門」中乙派觀點之論述。

## 4・廚房

**甲派觀點：**

以下所指的方位，係指火口方向而非爐灶位置。

（1）南（離）方生氣方為上上吉。

（2）東南（巽）方延年方為大吉。

（3）北（坎）方天醫方為中吉。

（4）東（震）方伏位方為小吉。

（5）爐灶的火口都不主張朝向西（兌）方、西北（乾）方、東北（艮）方、西南（坤）方等四方。

**乙派觀點：**

詳細請參閱本（震）宮「1・大門」中乙派觀點之論述。

## 5・神明廳

**甲派觀點：**

詳細請參閱本節坎宮中有關神明廳的介紹。

**乙派觀點：**

詳細請參閱本（震）宮「1・大門」中乙派觀點之論述。

## 6・浴廁

**甲派觀點：**

（1）西（兌）方絕命方為上上吉。

（2）西北（乾）方五鬼方為大吉。

（3）東北（艮）方六煞方為中吉。

（4）西南（坤）方禍害方為小吉。

（5）東（震）方、北（坎）方、東南（巽）方、南（離）方等吉方都不主張設置浴廁。

由上面可以知道，這一派大師主張浴廁設在凶方，其主要的目的是希望能收到「以凶壓凶」的最大效果。

**乙派觀點：**

詳細請參閱本（震）宮「1・大門」中乙派觀點之論述。

## 7・其他

**甲派觀點：**

（1）水井位在宅屋南（離）方生氣方的丙字位為大吉。

（2）牛馬等六畜欄設在宅屋南（離）方生氣方為大吉。

# 四、巽宮（宅）

（一）座向：坐東南（巽）向西北（乾）。

（二）吉凶方位口訣：巽天五六禍生絕延。

（三）掌訣圖：示如下圖（圖中陰影部位表凶方）。

（四）格局吉凶方位：

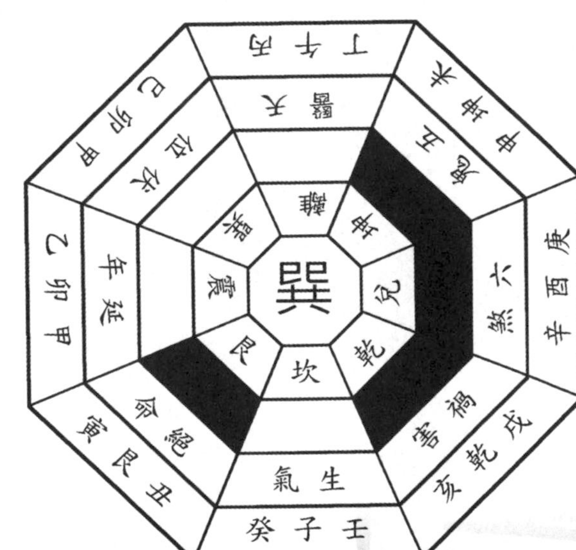


## 1．大門

**甲派觀點：**

（1）北（坎）方生氣方為上上吉。

（2）東（震）方延年方為大吉。

（3）南（離）方天醫方為中吉。

（4）東南（巽）方伏位方之辰、巳字位為小吉。

（5）西北（乾）方、西（兌）方、西南（坤）方、東北（艮）方等四方都不主張開設大門。

乙派觀點：

（1）北（坎）方生氣方為上上吉。

（2）東（震）方延年方為大吉。

（3）南（離）方天醫方為中吉。

（4）東南（巽）方伏位方為小吉。

（5）西北（乾）方禍害方為小凶。

（6）西（兌）方六煞方為中凶。

（7）西南（坤）方五鬼方為大凶。

（8）東北（艮）方絕命方為極凶。

## 2．臥房

甲派觀點：

（1）北（坎）方生氣方為上上吉。

（2）東（震）方延年方為大吉。

（3）南（離）方天醫方為中吉。

（4）東南（巽）方伏位方為小吉。

（5）西北（乾）方、西（兌）方、西南（坤）方、東北（艮）方等四方都不主張做為臥房。

**乙派觀點：**

詳細請參閱本（巽）宮「1．大門」中乙派觀點之論述。

## 3．書房

**甲派觀點：**

詳細請參閱本節坎宮中有關書房的介紹。

**乙派觀點：**

詳細請參閱本（巽）宮「1．大門」中乙派觀點之論述。

## 4．廚房

**甲派觀點：**

以下所指的方位，係指火口方向而非爐灶位置。

（1）北（坎）方生氣方為上上吉。

（2）東（震）方延年方為大吉。

（3）南（離）方天醫方為中吉。

（4）東南（巽）方伏位方為小吉。

（5）爐灶的火口都不主張朝向西（兌）方、西北（乾）方、東北（艮）方、西南（坤）方等四方。

**乙派觀點：**

詳細請參閱本（巽）宮「1．大門」中乙派觀點之論述。

## 5・神明廳

**甲派觀點：**

詳細請參閱本節坎宮中有關神明廳的介紹。

**乙派觀點：**

詳細請參閱本（巽）宮「1・大門」中乙派觀點之論述。

## 6・浴廁

**甲派觀點：**

（1）東北（艮）方絕命方為上上吉。

（2）西南（坤）方五鬼方為大吉。

（3）西（兌）方六煞方為中吉。

（4）西北（乾）方禍害方為小吉。

（5）東（震）方、北（坎）方、東南（巽）方、南（離）方等吉方都不主張設置浴廁。

由上面不難知道，這一派大師主張浴廁設在凶方，其主要目的是希望能收到「以凶壓

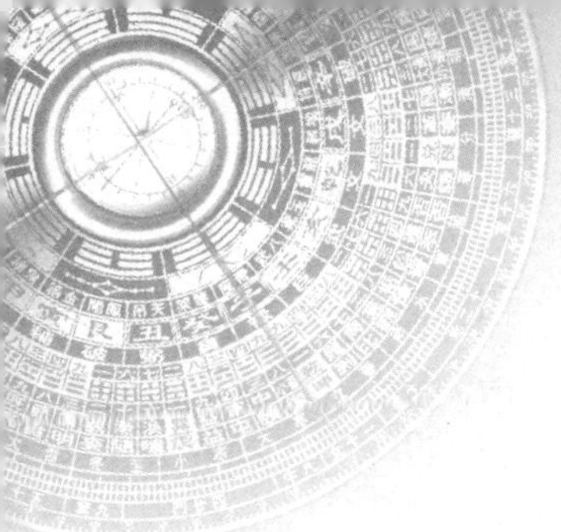

凶」的最大效果。

乙派觀點：

詳細請參閱本（巽）宮「1・大門」中乙派觀點之論述。

## 7・其他

甲派觀點：

（1）水井設在宅屋北（坎）方生氣方為大吉。

（2）牛馬等六畜欄設在宅屋北（坎）方生氣方為大吉。

# 第二節　西四宅

西四宅包含乾、坤、艮及兌等四宅；西四宅俱為土金相生比和、宮星相生、宮星比和。東四宅與西四宅也不能相混，否則，不是木剋土就是火剋金，而會傷人。

## 一、乾宮（宅）

（一）座向：坐西北（乾）向東南（巽）。

（二）吉凶方位口訣：乾六天五禍絕延生。

（三）掌訣圖：示如下圖（圖中陰影部位為凶方）。

（四）格局吉凶方位：

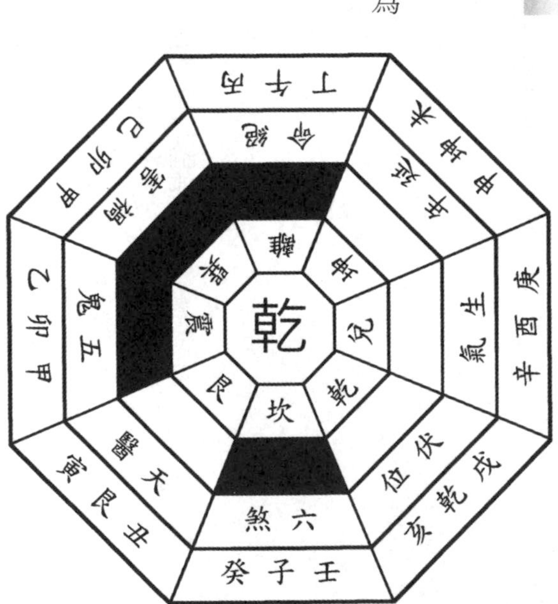

## 1・大門

甲派觀點：

（1）西（兌）方生氣方之辛字位為上上吉。

（2）西南（坤）方延年方之未、申字位為大吉。

（3）東北（艮）方天醫方之丑、寅字位為中吉。

（4）西北（乾））方伏位方之戌、亥字位為小吉。

（5）南（離）方、東（震）方、北（坎）方、東南（巽）方等四方都不主張開設大門。

乙派觀點：

（1）西（兌）方生氣方為上上吉。

（2）西南（坤）方延年方為大吉。

（3）東北（艮）方天醫方為中吉。

（4）西北（乾）方伏位方為小吉。

（5）東南（巽）方禍害方為小凶。

（6）北（坎）方六煞方為中凶。

（7）東（震）方五鬼方為大凶。

（8）南（離）方絕命方為極凶。

## 2．臥房

**甲派觀點：**

（1）西（兌）方生氣方為上上吉。

（2）西南（坤）方延年方為大吉。

（3）東北（艮）方天醫方為中吉。

（4）西北（乾）方伏位方為小吉。

（5）南（離）方、東（震）方、北（坎）方、東南（巽）方等四方都不主張做為臥房。

**乙派觀點：**

詳細請參閱本（乾）宮「1．大門」中乙派觀點之論述。

## 3・書房

甲派觀點：

詳細請參閱本章前節東四宅坎宮中有關書房的介紹。

乙派觀點：

詳細請參閱本（乾）宮「1・大門」中乙派觀點之論述。

## 4・廚房

甲派觀點：

以下所指的方位，係指火口方向而非爐灶位置。

（1）西（兌）方生氣方為上上吉。

（2）西南（坤）方延年方為大吉。

（3）東北（艮）方天醫方為中吉。

（4）西北（乾）方伏位方為小吉。

（5）爐灶的火口都不主張朝向南（離）方、東（震方、北（坎）方、東南（巽）方等四方。

**乙派觀點：**

詳細請參閱本（乾）宮「1．大門」中乙派觀點之論述。

## 5．神明廳

**甲派觀點：**

詳細請參閱本章前節東四宅坎宮中有關神明廳的介紹。

**乙派觀點：**

詳細請參閱本（乾）宮「1．大門」中乙派觀點之論述。

## 6．浴廁

**甲派觀點：**

（1）南（離）方絕命方為上上吉。

（2）東（震）方五鬼方為大吉。

（3）北（坎）方六煞方為中吉。

（4）東南（巽）方禍害方為小吉。

（5）西（兌）方、西北（乾）方、東北（艮）方、西南（坤）方等吉方都不主張設置浴廁。

由上面可以知道，這一派大師主張浴廁設在凶方，其主要目的是希望能收到「以凶壓凶」的最大效果。

**乙派觀點：**

詳細請參閱本（乾）宮「1．大門」中乙派觀點之論述。

## 7．其他

**甲派觀點：**

（1）水井宜設在宅屋西（兌）方生氣方為大吉。

（2）牛馬等六畜欄宜設在宅屋西（兌）方生氣方為上上吉。

## 二、坤宮（宅）

（一）座向：坐西南（坤）方向東北（艮）方。

（二）吉凶方位口訣：坤天延絕生禍五六。

（三）掌訣圖：示如下圖（圖中陰影部位為凶方）。

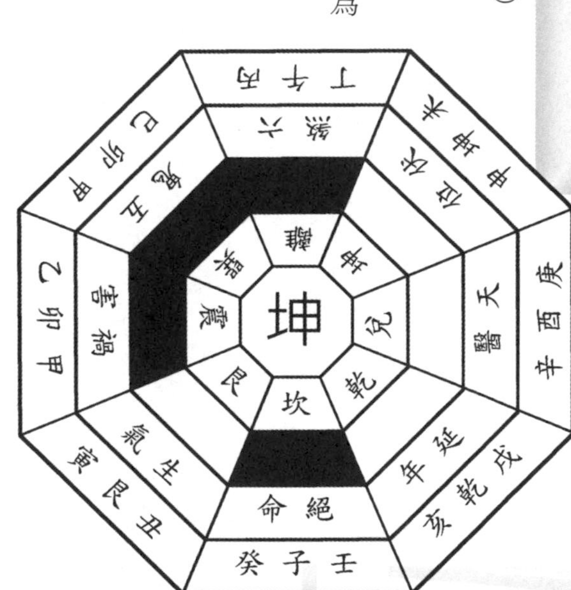


（四）格局吉凶方位：

### 1．大門

**甲派觀點：**

（1）東北（艮）方生氣方之丑、寅字位為上上吉。

（2）西北（乾）方延年方之戌、亥字位為大吉。

（3）西（兌）方天醫方為中吉。

（4）西南（坤）方伏位方未、申字位為小吉。

（5）北（坎）方、東南（巽））方、南（離）方、東（震）方等四方都不主張開設大門。

乙派觀點：

（1）東北（艮）方生氣方為上上吉。

（2）西北（乾）方延年方為大吉。

（3）西（兌）方天醫方為中吉。

（4）西南（坤）方伏位方為小吉。

（5）東（震）方禍害方為小凶。

（6）南（離）方六煞方為中凶。

（7）東南（巽）方五鬼方為大凶。

（8）北（坎）方絕命方為極凶。

## 2．臥房

甲派觀點：

（1）東北（艮）方生氣方為上上吉。

（2）西北（乾）方延年方為大吉。

（3）西（兌）方天醫方為中吉。

（4）西南（坤）方伏位方為小吉。

（5）北（坎）方、東南（巽）方、南（離）方、東（震）方等四方都不主張做為臥房。

**乙派觀點：**

詳細請參閱本（坤）宮「1．大門」中乙派觀點之論述。

## 3．書房

**甲派觀點：**

詳細請參閱本章前節東四宅坎宮中有關書房的介紹。

**乙派觀點：**

詳細請參閱本（坤）宮「1．大門」中乙派觀點之論述。

## 4・廚房

**甲派觀點：**

以下所指的方位，係指火口方向而非爐灶位置。

（1）東北（艮）方生氣方為上上吉。

（2）西北（乾）方延年方為大吉。

（3）西（兌）方天醫方為中吉。

（4）西南（坤）方伏位方為小吉。

（5）爐灶的火口都不主張朝向北（坎）方、東南（巽）方、南（離）方、東（震）方等四方。

**乙派觀點：**

詳細請參閱本（坤）宮「1・大門」中乙派觀點之論述。

## 5．神明廳

**甲派觀點：**

詳細請參閱本章前節東四宅坎宮中有關神明廳的介紹。

**乙派觀點：**

詳細請參閱本（坤）宮「1．大門」中乙派觀點之論述。

## 6．浴廁

**甲派觀點：**

（1）北（坎）方絕命方為上上吉。

（2）東南（巽）方五鬼方為大吉。

（3）南（離）方六煞方為中吉。

（4）東（震）方禍害方為小吉。

（5）西（兌）方、西北（乾）方、東北（艮）方、西南（坤）方等吉方都不主張設置浴廁。

由上面不難知道，這一派大師主張浴廁設在凶方，其主要目的是希望能收到「以凶壓

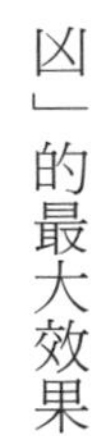

凶」的最大效果。

**乙派觀點：**

詳細請參閱本（坤）宮「1・大門」中乙派觀點之論述。

## 7・其他

**甲派觀點：**

（1）水井宜設置在宅屋東北（艮）方生氣方大吉。

（2）牛馬等六畜欄宜設在宅屋東北（艮）方生氣方大吉。

## 三、艮宮（宅）

（一）座向：坐東北（艮）向西南（坤）。

（二）吉凶方位口訣：艮六絕禍生延天五。

（三）掌訣圖：示如下圖（圖中陰影部位為凶方）。

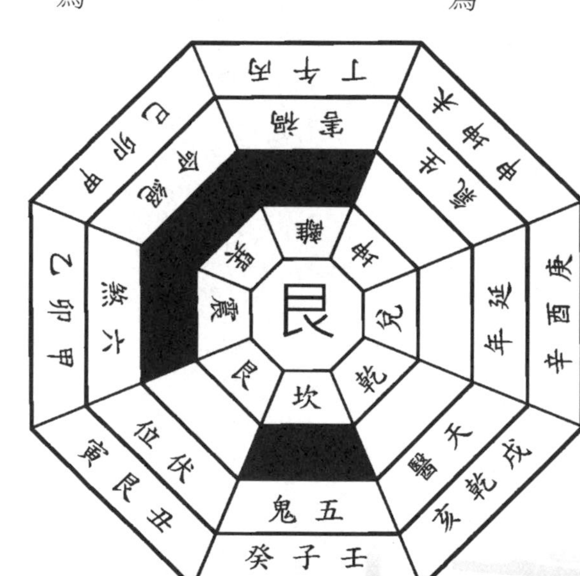


（四）格局吉凶方位：

### 1．大門

**甲派觀點：**

（1）西南（坤）方生氣方之未、申字位為上上吉。

（2）西（兌）方延年方為大吉。

（3）西北（乾）方天醫方之戌、亥字位為中吉。

（4）東北（艮）方伏位方之丑、寅字位為小吉。

（5）東南（巽）方、北（坎）方、東（震）方、南（離）方等四方都不主張開設大門。

乙派觀點：

（1）西南（坤）方生氣方為上上吉。
（2）西（兌）方延年方為大吉。
（3）西北（乾）方天醫方為中吉。
（4）東北（艮）方伏位方為小吉。
（5）南（離）方禍害方為小凶。
（6）東（震）方六煞方為中凶。
（7）北（坎）方五鬼方為大凶。
（8）東南（巽）方絕命方為極凶。

## 2・臥房

甲派觀點：

（1）西南（坤）方生氣方為上上吉。
（2）西（兌）方延年方為大吉。
（3）西北（乾）方天醫方為中吉。（4）東北（艮）方伏位方為小吉。

（5）東南（巽）方、北（坎）方、東（震）方、南（離）方等四方都不主張做為臥房。

**乙派觀點：**

詳細請參閱本（艮）宮「1・大門」中乙派觀點之論述。

## 3・書房

**甲派觀點：**

詳細請參閱本章前節東四宅坎宮中有關書房的介紹。

**乙派觀點：**

詳細請參閱本（艮）宮「1・大門」中乙派觀點之論述。

## 4．廚房

**甲派觀點：**

以下所指的方位，係指火口方向而非爐灶位置。

（1）西南（坤）方生氣方為上上吉。

（2）西（兌）方延年方為大吉。

（3）西北（乾）方天醫方為中吉。

（4）東北（艮）方伏位方為小吉。

（5）東南（巽）方、北（坎）方、東（震）方、南（離）方等四方都不主張做為廚房。

**乙派觀點：**

詳細請參閱本（艮）宮「1．大門」中乙派觀點之論述。

## 5．神明廳

**甲派觀點：**

詳細請參閱本章前節東四宅坎宮中有關神明廳的介紹。

**乙派觀點：**

詳細請參閱本（艮）宮「1．大門」中乙派觀點之論述。

## 6．浴廁

**甲派觀點：**

（1）東南（巽）方絕命方為上上吉。

（2）北（坎）方五鬼方為大吉。

（3）東（震）方六煞方為中吉。

（4）南（離）方禍害方為小吉。

（5）西南（坤）方、西（兌）方、西北（乾）方、東北（艮）方等四方都不主張做為浴廁。

由上面可知，這一派大師主張浴廁設在凶方，其主要目的是希望能收到「以凶壓凶」的最大效果。

**乙派觀點：**

詳細請參閱本（艮）宮「1．大門」中乙派觀點之論述。

## 7・其他

甲派觀點：

（1）水井宜安置在宅屋西南（坤）方生氣方大吉。

（2）牛馬等六畜欄宜設在宅屋西南（坤）方生氣方為大吉。

## 四、兌宮（宅）

（一）座向：坐西（兌）向東（震）。

（二）吉凶方位口訣：兌生禍延絕六五天。

（三）掌訣圖：示如下圖（圖中陰影部位表凶方）。

（四）格局吉凶方位：

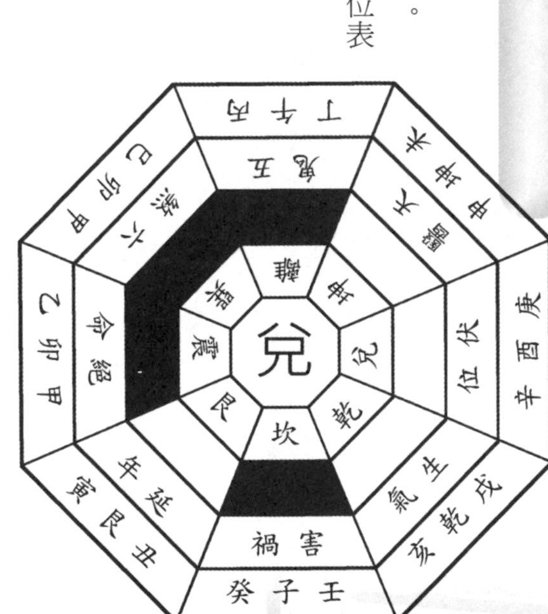


### 1．大門

**甲派觀點：**

（1）西北（乾）方生氣方之戌、亥字位為上上吉。

（2）東北（艮）方延年方之丑、寅字位為大吉。

（3）西南（坤）方天醫方之未、申字位為中吉。

（4）西（兌）方伏位方為小吉。

（5）東（震）方、南（離）方、東南（巽）方、北（坎）方等四方都不主張開設大門。

乙派觀點：

（1）西北（乾）方生氣方為上上吉。

（2）東北（艮）方延年方為大吉。

（3）西南（坤）方天醫方為中吉。

（4）西（兌）方伏位方為小吉。

（5）北（坎）方禍害方為小凶。

（6）東南（巽）方六煞方為中凶。

（7）南（離）方五鬼方為大凶。

（8）東（震）方絕命方為極凶。

## 2．臥房

甲派觀點：

（1）西北（乾）方生氣方為上上吉。

（2）東北（艮）方延年方為大吉。

（3）西南（坤）方天醫方為中吉。

（4）西（兌）方伏位方為小吉。

（5）東（震）方、南（離）方、東南（巽）方、北（坎）方等四方都不主張做為臥房。

**乙派觀點：**

詳細請參閱本（兌）宮「1．大門」中乙派觀點之論述。

## 3．書房

**甲派觀點：**

詳細請參閱本章前節東四宅坎宮中有關書房的介紹。

**乙派觀點：**

詳細請參閱本（兌）宮「1．大門」中乙派觀點之論述。

## 4．廚房

**甲派觀點：**

以下所指的方位，係指火口方向而非爐灶位置。

（1）西北（乾）方生氣方為上上吉。

（2）東北（艮）方延年方為大吉。

（3）西南（坤）方天醫方為中吉。

（4）西（兌）方伏位方為小吉。

（5）爐灶的火口都不主張朝向東（震）方、南（離）方、東南（巽）方、北（坎）方等四方。

**乙派觀點：**

詳細請參閱本（兌）宮「1．大門」中乙派觀點之論述。

## 5・神明廳

**甲派觀點：**

詳細請參閱本章前節東四宅坎宮中有關神明廳的介紹。

**乙派觀點：**

詳細請參閱本（兌）宮「1・大門」中乙派觀點之論述。

## 6・浴廁

**甲派觀點：**

（1）東（震）方絕命方為上上吉。

（2）南（離）方五鬼方為大吉。

（3）東南（巽）方六煞方為中吉。

（4）北（坎）方禍害方為小吉。

（5）西北（乾）方、東北（艮）方、西南（坤）方、西（兌）方等四方都不主張做為浴廁。

由上面不難知道，這一派大師主張浴廁設在凶方，其主要目的是希望能收到「以凶壓

凶」的最大效果。

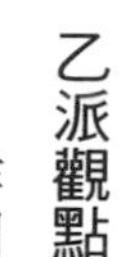

**乙派觀點：**

詳細請參閱本（兌）宮「1．大門」中乙派觀點之論述。

## 7．其他

**甲派觀點：**

（1）水井可設在宅屋西北（乾）方生氣方為大吉。

（2）牛馬等六畜欄可設在西北（乾）方生氣方為大吉。

# 第八章　八方十二宅

八方十二宅乃指大遊年方位十二宅，而泛論八方位門宅的吉凶，以作為我們修建宅屋之濫觴。

各種宅院都有吉祥的方位，可以開設大門，然因囿於常理、實況，有時候至難在這些吉祥方位上開設大門。因此，各宅院所開設的大門並不見得全是宅院中最吉祥的方位。

雖然任何宅屋，都可以有幾個開大門的方位，而大門的方位，更會直接影響到宅屋的吉凶，故而我們在修建宅屋時，也不得不給予重視。

## 第一節　坐東向西

於實務上，若宅屋大門開設在坐東（震）向西（兌）者，而且能與其作最佳組合的宅屋，計有乾宅、坤宅以及兌宅等三宅。茲將其吉凶有關事宜縷述如下：

### 一、乾門宅

在乾門宅中，坤為延年吉星，兌為生氣吉星，而天醫吉星在艮方，三者的宅屋均宜高大則為大吉，其餘各方位宅屋概宜低小則為最佳。

東

| 艮<br>天醫<br>巨門 土 | 震<br>五鬼<br>廉貞 火 | 巽<br>禍害<br>祿存 土 |
|---|---|---|
| 坎<br>六煞<br>文曲 水 | | 離<br>絕命<br>破軍 金 |
| 乾門 | 兌<br>生氣<br>貪狼 木 | 坤<br>延年<br>武曲 金 |

西

## 二、坤門宅

在坤門宅中，乾為延年吉星，兌為天醫吉星，兩者宅屋宜為高大，則得大吉。而艮為生氣吉星，然因星剋宮，故宅屋不宜高大，而其餘各方位宅屋悉宜低小為最佳。

東

| | | |
|---|---|---|
| 艮<br>生氣<br>貪狼 木 | 震<br>禍害<br>祿存 土 | 巽<br>五鬼<br>廉貞 火 |
| 坎<br>絕命<br>破軍 金 | | 離<br>六煞<br>文曲 水 |
| 乾<br>延年<br>武曲 金 | 兌<br>天醫<br>巨門 土 | 坤門 |

西

## 三、兌門宅

於兌門宅中，乾為生氣吉星，艮為延年吉星，而坤為天醫吉星，三者宅屋皆宜高大則為大吉，其餘各方位宅屋悉宜低小為最佳。

東

| | | |
|---|---|---|
| 艮<br>延年<br>武曲 金 | 震<br>絕命<br>破軍 金 | 巽<br>六煞<br>文曲 水 |
| 坎<br>禍害<br>祿存 土 | | 離<br>五鬼<br>廉貞 火 |
| 乾<br>生氣<br>貪狼 木 | 兌門 | 坤<br>天醫<br>巨門 土 |

西

## 第二節 坐西向東

環顧我們的現實生活，若果大門設在坐西（兌）向東（震），而能與其作最佳組合的宅屋，計有艮宅、震宅以及巽宅等三宅，茲將其吉凶有關事宜縷述如下：

### 一、艮門宅

於艮門宅中，天醫吉星在乾方，延年吉星在兌方，兩者宅屋皆宜高大則為大吉。而生氣吉星雖在坤方，然因星剋宮，故宅屋不可高大則吉，其餘各方位的宅屋都應低小則為最佳。

東

| 艮門 | 震<br>六煞<br>文曲 水 | 巽<br>絕命<br>破軍 金 |
|---|---|---|
| 坎<br>五鬼<br>廉貞 火 | | 離<br>禍害<br>祿存 土 |
| 乾<br>天醫<br>巨門 土 | 兌<br>延年<br>武曲 金 | 坤<br>生氣<br>貪狼 木 |

西

## 二、震門宅

於震門宅中，生氣吉星在離方，宅屋宜高大則為上上吉。天醫吉星在坎方，延年吉星在巽方俱為星剋宮，宅屋不宜高大主吉，其餘各方位的宅屋均宜低小則為最佳。

東

| 艮<br>六煞<br>文曲 水 | 震門 | 巽<br>延年<br>武曲 金 |
|---|---|---|
| 坎<br>天醫<br>巨門 土 | | 離<br>生氣<br>貪狼 木 |
| 乾<br>五鬼<br>廉貞 火 | 兑<br>絕命<br>破軍 金 | 坤<br>禍害<br>祿存 土 |

西

## 三、巽門宅

於巽門宅中，生氣吉星在坎方，天醫吉星在離方，兩者宅屋宜應高大則為大吉。而延年吉星在震方為星剋宮，宅屋不宜高大，其餘各方位的宅屋均宜低小為最佳。

東

| 艮<br>絕命<br>破軍 金 | 震<br>延年<br>武曲 金 | 巽門 |
|---|---|---|
| 坎<br>生氣<br>貪狼 木 | | 離<br>天醫<br>巨門 土 |
| 乾<br>禍害<br>祿存 土 | 兑<br>六煞<br>文曲 水 | 坤<br>五鬼<br>廉貞 火 |

西

## 第三節　坐南向北

在現實生活中，宅院、宅屋的大門，坐南（離）向北（坎）者，而能與其做最佳組合的宅屋計有乾宅、坎宅以及艮宅等三宅。茲將其吉凶有關事宜縷述如下：

### 一、乾門宅

我們由第七章第二節西四宅中，得知乾宅大門的最佳方位雖在正西方，如果真能在此處開設大門，乃因吉星木入本方為宮剋星，門又剋星，宅屋大小只宜適中，方主上上吉。

其次，坤為延年吉星金入本方，乃宮生星，星生門，宅屋高大主大吉。艮為天醫吉星，宅屋只宜高大，星才能得其位，又生乾門主中吉。

而乾為伏位，宅屋大小適中者小吉。其餘各方位宅屋宜低小為最佳。

南

| 巽<br>禍害<br>祿存 土 | 離<br>絕命<br>破軍 金 | 坤<br>延年<br>武曲 金 |
|---|---|---|
| 震<br>五鬼<br>廉貞 火 | | 兌<br>生氣<br>貪狼 木 |
| 艮<br>天醫<br>巨門 土 | 坎<br>六煞<br>文曲 水 | 乾門 |

北

## 二、坎門宅

於坎門宅中，巽為生氣吉星，宅屋宜高大，始為上上吉。而離為延年吉星，震為天醫吉星，兩者俱是宮剋星，宅屋不宜高大主吉，其餘各方位宅屋宜低小為最佳。

南

| 巽<br>生氣<br>貪狼 木 | 離<br>延年<br>武曲 金 | 坤<br>絕命<br>破軍 金 |
|---|---|---|
| 震<br>天醫<br>巨門 土 | | 兌<br>禍害<br>祿存 土 |
| 艮<br>五鬼<br>廉貞 火 | 坎門 | 乾<br>六煞<br>文曲 水 |

北

## 三、艮門宅

在艮門宅中，兌為延年吉星，乾為天醫吉星，兩者宅屋宜高大主大吉。而坤為生氣吉星，但因星剋宮復剋門，宅屋只宜低小為吉。其餘各方位宅屋只宜低小為最佳。

南

| 巽<br>絕命<br>破軍 金 | 離<br>禍害<br>祿存 土 | 坤<br>生氣<br>貪狼 木 |
|---|---|---|
| 震<br>六煞<br>文曲 水 | | 兌<br>延年<br>武曲 金 |
| 艮門 | 坎<br>五鬼<br>廉貞 火 | 乾<br>天醫<br>巨門 土 |

北

## 第四節 坐北向南

於一般正常情況下，宅屋開設坐北（坎）向南（離）的大門，而能與其作最佳組合的宅屋，計有巽宅、離宅以及坤宅等三宅。茲將其吉凶有關的事宜縷述如下：

### 一、巽門宅

在巽門宅中，坎為生氣吉星，離為天醫吉星，兩者宅屋宜高大則為大吉。而震為延年吉星，但因星剋宮，故宅屋不宜高大始吉，其餘各方位宅屋皆宜低小為最佳。

南

| 巽門 | 離<br>天醫<br>巨門 土 | 坤<br>五鬼<br>廉貞 火 |
|---|---|---|
| 震<br>延年<br>武曲 金 | | 兌<br>六煞<br>文曲 水 |
| 艮<br>絕命<br>破軍 金 | 坎<br>生氣<br>貪狼 木 | 乾<br>禍害<br>祿存 土 |

北

## 二、離門宅

在離門宅中，坎為延年吉星，震為生氣吉星，兩者宅屋均宜高大則為大吉。而巽為天醫吉星，但因星剋宮，故宅屋不宜高大才能主吉。其餘各方位宅屋俱不宜高大為最佳。

南

| 巽<br>天醫<br>巨門 土 | 離 | 坤<br>六煞<br>文曲 水 |
|---|---|---|
| 震<br>生氣<br>貪狼 木 | | 兌<br>五鬼<br>廉貞 火 |
| 艮<br>禍害<br>祿存 土 | 坎<br>延年<br>武曲 金 | 乾<br>絕命<br>破軍 金 |

北

## 三、坤門宅

在坤門宅中，乾為延年吉星，兌為天醫吉星，兩者宅屋皆宜高大始得大吉。而艮為生氣吉星，但因星剋宮，故宅屋不宜高大，其餘各方位宅屋悉宜低小為最佳。

南

| 巽<br>五鬼<br>廉貞 火 | 離<br>六煞<br>文曲 水 | 坤門 |
|---|---|---|
| 震<br>禍害<br>祿存 土 | | 兌<br>大醫<br>巨門 土 |
| 艮<br>生氣<br>貪狼 木 | 坎<br>絕命<br>破軍 金 | 乾<br>延年<br>武曲 金 |

北

# 第九章　宅屋風水（一）

於前幾章中，我們已經討論過宅樓方位、宅樓環境、宅樓風水以及宅屋格局……等有關吉凶的事宜。

由於宅屋（此處專指一般的住屋）講求安靜、舒適、整潔、光亮與通風，更為我們一生中最重要的居所，其影響力頗大，因此值得我們加以重視，是以特在本章內，更進一步探討宅屋中大門、玄關、客廳和臥室等部分內六事，影響宅運吉凶有關之各種問題。

# 第一節　大門

常言道：「入屋看門口，吉凶知八九。」相宅經纂亦云：「宅之吉凶全在大門相。」故而得知大門對宅運吉凶之重要性了。大門分為內大門與外大門。

大門為命宮，主宰全家人的成功、吉凶，若果門相好，則其家人凡事必得順利漸趨成功，反之，則家人凡事都很難如願。

由大門的外表來看，如果穩重又平衡，則這家人的運勢會好，否則，運勢就差。大門為分開屋內與屋外之用，而且為宅屋坐向之標準，亦為家人進出宅屋必經的地方，更為納氣出穢氣之口，所以我們設置大門時，應該妥善詳加規劃才是。

內大門與外大門之大小應合文公尺上的「本」、「財」字為佳，外大門之高度為六尺半、七尺一寸為佳。

大門就宅屋整體上來看，其大小要適中合宜，倘若房子大而大門小，顯然不利家中氣場之流通，引進的吉氣恐怕會有不足，並且也會給人過於小氣的感覺，同時家人也很容易生病。

唯如房子小而大門過大，則家中的吉氣泄漏會很嚴重，家人亦不容易存錢，而且也會滋生口角是非。

家中任何的門框或門面，絕對不可以有變形或彎曲情形，要不然家人很容易生病，家運也會日趨衰落。

除此而外，大門也應該盡量避免使用子母門，以及金屬類的製品，不僅不平衡，而且亦難於聚氣，不利家人的健康。

在現實生活中，不乏有改（遷）建外大門的事例，即如台船公司、台中某大學、台中某技術學院、台中某高中、嘉義某高中、台中某國中、國小、各級學校以及不少的公司行號，有基於環境因素的需要，有肇因於風水上的考量，甚或有因「M」的現實壓力，而有斥資大肆改（遷）建大門的舉措，以期更能夠符合、滿足各方之需求。

大門對一家人的運勢，可以說是非常的重要，因此，我們除了要秉持前述各種情況之外，仍然需要全力給予配合，規避下列各項禁忌，使得居家生活能夠獲致更好的運勢。

### 1・大門方位

一般而言，大門方位的選定，除了我們在前（七）章中所討論者之外，通常大門方位為正向四個方位，即正向東、西、南、北四個方位為最佳。假如大門坐向欠佳，則可以改變動線，譬如設置玄關櫃，即能改善出入口為煞方之問題了。

公寓大樓、大廈的樓下悉有公用大門，此門稱為外主門，係做為住戶出入的共同空間，在風水上比較不具作用；每家每戶的大門稱為內主門，我們在論述宅屋吉凶問題時，內外兩個主門的方位，都要一併加以考量。

如果是自建的宅屋，則大門之方位，最好能夠與家中年長者的八字相配合，如此，才能對宅運收到相輔相成，相得益彰的碩果。

## 2．忌有穿心煞

若大門一線直通後門時，因氣流從大門進來，直接從後門出去，會因氣場擾動直沖而形成煞氣，此種煞氣稱為「穿心煞」或稱「出走房」，猶似一把利箭直接往人的心臟穿過。故而長期居住者，會因事事難成，爭執不斷，家中會永無寧靜。

**個案：**

國內某著名技術學院，將原日據時代所建一排兩層樓教室拆掉，計畫改建為四層樓的行政大樓，且為「一」字形的結構，大樓大門準備開在「一」字形左右兩邊，始建當初，熱心校務人士，即建議校方將大門改設在「一」字形的中央，並在其門口闢建一個圓形水池的迴車道，如此不但美觀、大方，又比較符合常理。

然而因囿於主事者忠言逆耳，以致美意不獲青睞，而寧信「厚黑學」始祖李宗吾大師高徒之言，最後乙座長長的行政大樓，其大門就照原設計開在「一」字形左右兩頭，此舉非僅浪費不少兩頭樓梯所佔的空間，整座大樓通道又設在中間，形成穿心煞，於啟用後不久，當局即犯了小人與官防。

最後，竟連遠在國外留學的寶貝獨子，亦因感情的問題，斷然用槍結束自己鍾愛的一生，實在是始料所不及，際遇之慘著實令人不勝感慨，而唏噓不已！

**DIY紓解法：**

倘若能夠設法改變進門的方向，或者加設玄關，或裝設高櫃；不過，最簡便的方法，就是前後兩扇房門不要同時開啟，或在後門加裝一道長度超過門把的門簾，如此就可以化凶煞為吉祥。

### 3．門上不宜壓樑

倘若宅屋大門或房門，被橫樑直接從門框上方穿入（過），壓在門上方而與門成垂直，這種情況屢見於相鄰兩戶打通時，房門大抵都開在橫樑下方，因而形成門上壓樑之不利情況。

讀者必須確記「門不壓樑」，果不其然，家人都會被橫樑壓得喘不過氣，家運也就不見好了。

**DIY紓解法：**

設法將橫樑頂住，可在屋內橫樑下方、大門兩側地面上，各放置八公分左右透明水晶柱，如為房門作法也是一樣，其最大的用意旨在將橫樑頂住，也表示有人會代為擔樑，如有事情發生，即表示會有人先代為扛起。

## 4．懸針煞

打開大門時，若在屋內或屋外看到柱子，會形成「懸針煞」大凶，主居者會耗損錢財或有折損子孫，千萬不可坐視不管。懸針煞分為屋內懸針煞與屋外懸針煞兩種。

### （1）屋內懸針煞

屋內如果存有裸露的柱子時，稱為「屋內懸針煞」，不但有礙觀瞻，而且動線也不流暢，死角自然會多。

**DIY紓解法：**

可用裝潢將柱子隱藏起來，或將其隱藏在置物櫃中，如果未能作這種改變時，可以在柱子與牆壁之間加設一隻櫃子，使得動線更加流暢，並制煞氣。

### （2）屋外懸針煞

如果兩戶宅屋的大門緊靠時，稱為「屋外懸針煞」，當兩家住戶的人步出大門時，極有可能會相撞，而且也容易擾動氣流。

**DIY紓解法：**

設法將大門移開，另設他處，或可設法加築一道矮牆。

### 5・進門不見鏡

於宅屋內設置鏡子時，忌設在進門視線範圍之內，此因進門看見鏡子，則屋外景色容易有內外不分的感覺，而當出門時，因背部對著鏡子，無形中會感到後面好像有人，也很容易造成不安。

**DIY紓解法：**

將鏡子移至他處，或設置在進門側面的地方，或

者用一塊布加以遮住，等到要使用的時候再把它打開。

### 6．最忌穿堂風

進入大門一眼就看到前面窗戶再看到外面，或是看到落地窗再看到外面，稱為「穿堂風」大凶！錢財容易守不住，虛耗錢財。

**DIY紓解法：**

在大門入口處，作一道比大門寬而高的實牆，即牆的材質不可為玻璃、透光材料或柵欄木條，甚至於屏風也不適宜。

### 7．開門勿見廚廁

因廚房有煙火，廁所會有穢氣，空氣也不好，是以不要開門就讓人看到廚房、廁所，以免影響觀感。

**DIY紓解法：**

想辦法隔開視線，可以在廚房、廁所門上，張掛門簾或在適當位置裝設牆櫃的軟性隔間，予以隔開。

## 8．阻氣格不宜

打開大門出門時，若大門太靠近向上樓梯，則會使屋內的氣場停滯不易暢通，而形同死氣，稱為「阻氣格」不吉利。蓋因屋內氣場不暢通時，家人經常會變得昏沉欲睡，影響宅運、財運，並對身體不利。

**DIY紓解法：**

設法增加門口與樓梯之間的距離，使得氣場易於流通。

## 9．漏氣格不宜

如果大門太靠近向下樓梯，不但進出容易跌下樓梯，更有出門即走下坡的感覺，同時也會讓氣流直接往下衝，造成屋內氣場不穩定，稱為「漏氣格」會大破財，並有血光之災。

此因屋內氣場擾動過大，家人難於安寧，影響事業也影響健康，更會大破財，甚至於有血光之災。

**DIY紓解法：**

為求屋內能夠藏風納氣，可以將門檻提高或使用空調設備，俾增加納氣，或在門口地面上放置一塊紅色地墊，並在地墊下方壓一枚古銅幣。

## 10・門前不可堆積垃圾

因為垃圾很容易造成髒亂，兼有臭味，又會帶來穢、濁氣，實為大不吉，直接會影響到家人的氣勢及身體的健康。

**DIY紓解法：**

設法將垃圾運走，或者勤加消毒，並加以蓋住。

## 11・門口不擺石頭

若門口設有石頭裝飾時，因石頭屬陰，會射入屋內增加陰氣，對身體健康極為不利。

**DIY紓解法：**

把這些石頭悉數移走，改用其他物品加以裝飾。

## 12・門前不宜有水溝

大門前面不宜有排水溝，門口地面亦不宜有污水坑洞，乃因大門宛如一個人的顏面，

如有穢氣、污水會影響形象，宅運會猶似金被蓋雞籠，家內常生不和。

**DIY紓解法：**

於水溝蓋口上面，使用一塊紅色塑膠地毯加以舖蓋起來，而坑洞則用水泥加以填平。

## 13．其他

自家的大門不能比正對面家的大門小，此種格局極為不佳，恐怕會有被吃掉的感覺。

**DIY紓解法：**

祇要在自家大門前上面架設一個遮陽帆布，向外伸展就可以。

## 第二節 玄關

玄關為命宮，主掌著全家人的幸福。若其「相」好，則全家人的家居生活會過得很幸福、美滿，否則，家居生活很難得到幸福的。

玄關是大門與客廳之間的緩衝區，具有制煞防漏財的作用，以及美化的功能。玄關在整個宅屋中，如能平衡的話，家居生活一定美滿幸福，相反的，大小如果不能平衡，則家人虛榮心大，金錢也留不住。

玄關對家人既然如此重要，因此，我們有必要深入詳細加以探討。一般上，玄關的設置及其擺設物品，應該注意下列幾個事項。

### 1．動線要流暢

玄關應保持乾淨明亮，尤應動線流暢，因此，所有的擺設物品都不能阻擋動線，影響光亮，否則不吉。

**DIY紓解法：**

玄關過暗時，可加裝自控式燈器，擺設物品盡量精簡，俾便維持空間的明淨。

## 2．阻氣格不宜

很多人都相信開門見水，即開門見財的說法，因此，常常在開門玄關地方擺設水族箱，祈求財神爺能早日來眷顧。這種作法適得其反，主因氣場不易進來，造成「阻氣格」，使得室內氣流無法暢通有如死水，家運會不好，是以不吉。

**DIY紓解法：**

假如可以的話，將水族箱移至其他地方。

## 3．假山、水不利

常常會有人要講求氣派，大事搞裝潢，在進門玄關地方擺設假山或假水，假山過大（即超過玄關面積的百分之五）會帶來太多陰氣，而假水過多，若遇上流年方位不利時，它會給家人帶來不利的影響。

**DIY紓解法：**

如果假山過大，可酌情加以縮小，至於「水的問題」宜請大師指點迷津，否則，不是大好就是大壞，焉能不慎重其事。

## 4・忌多電器

現代的人因生活富裕，３Ｃ家電用品充斥屋內，這些電器用品，經年累月地產生大量的磁力線與磁場，很容易讓人生理時鐘錯亂，滋生莫名的病痛。因此，不宜在玄關附近擺設太多的電器用品。

**個案：**

作者有一位摯友陳董，其家中３Ｃ電器產品樣樣皆備，室內擺得滿滿的，連玄關也不放過，日子一久，終得腦疾，實在是非常不幸。

**DIY紓解法：**

設法分散擺放地點，或減少其數量。

## 5・財位擺盆景

客廳正對角線方位為宅屋的財位，因係正對著大門，而且處於靜處，所以財位地方，

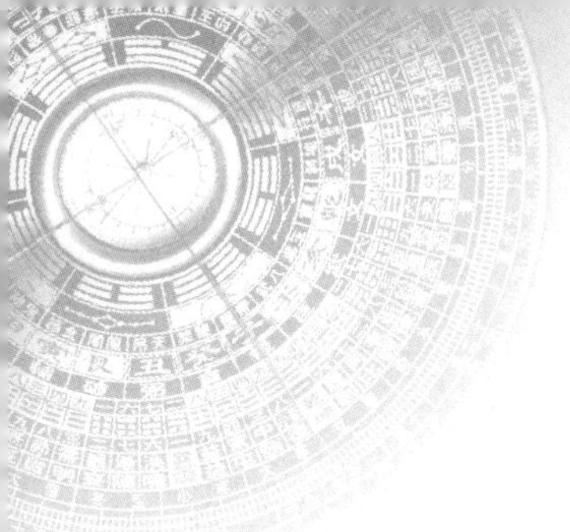

最好擺放萬年青盆景來發揮生旺財位，以達和氣生財。

另外，財位上要避免有破相的情形，一但財位破相，則如同財庫破相一樣，對家中的財運極為不利。

**DIY紓解法：**

財位不可以擺放枯枝、樹木，尤其是忌放杜鵑及針葉狀的盆景。同時也不可以擺放掃把、垃圾桶或髒亂不堪，果不然的話，必定會失財。其他如財位上若有破損，則應儘快設法加以修補復原。

## 第三節 客廳

我們這裡所指的客廳，係泛指宅屋中的客廳、起居室，而狹義的客廳為官祿宮，起居室為兄弟宮，兩者皆掌握全家人工作與交際。

因為客廳做為家人與親戚、朋友交際場所，故對全家人的工作事業面有很大的作用，甚至於會影響到家人的交際。

一般來說，客廳之大小，若能與宅屋的大小相配，則使用起來即能有很大的效果，唯如兩者不能相配，則對家人的交際態度，可能會受到影響，甚或衍生不順遂的效果。設若客廳太小，則家人的願望就很難得以順遂，反之，倘若客廳過大，既浪費空間，復易導致家人有過強之投資意願，竟而會造成盲目投資的行為。

因此，客廳之大小最好能跟宅屋的大小相配，方可獲致交際上的效果，否則，徒有豪華裝飾，亦難於發揮其交際應有的功能。

客廳位在房子正中央，為最吉宅屋，而電梯、樓梯位在中央，則屬於大凶之宅屋。客廳既然有如此地重要，那麼為期客廳能夠為家人帶來吉利，我們不得不注意下列幾件事情。

1・**明亮潔淨**

客廳除了要明亮潔淨之外，還要注意通風動線，裝潢尤應簡明，切勿過於華麗，奇形怪狀，顏色搭配也要適宜，應以柔和溫暖為主，這樣才能讓人覺得安適、高雅。

2・**家具適用**

客廳中要擺設家具時，應該盱衡客廳的大小，作適度的調配，以免影響動線，甚至於會妨礙氣場的暢通。

至於位置的選擇，可以依照第七章中東西四宅的吉凶位置來擺設，這樣住起來才能心安、吉祥。

3・**動線要流暢**

屋內的動線要非常流暢，不能夠有太多走道，最好係以客廳為中心，而能方便到各單獨房間，不需繞來繞去，或穿越一房再進入另一房，否則格局不吉。

另外，屋中不可以有回字形走廊，此對宅運會有很不利的影響。

**DIY 紓解法：**

可設法加以改善，如果無法改善時，那祇好學良禽擇木而棲，收拾家當遷之為上策了。

## 4．其他

在客廳裡面，還有一些器物要擺設時，也應講求適中合用為原則，如合適地毯的顏色，可以增進聚氣藏風的效果；水族箱放置位置絕不可高過人坐下時頭部的高度，要不然會形成「淋頭水」，恐怕會有狗血淋頭般的煞氣，故為大不吉。

又如茶几大小要配合沙發的大小，茶几如果過大，晚輩常會有叛逆不服教導，過小則在日常生活中，長輩之要求往往會超過自身能力範圍，以上均為不吉。

客廳天花板也不要裝設吊扇，蓋因電風扇在頭部上面不停地轉來轉去，會讓人轉得暈頭轉向，還有又怕掉下來傷到人，因而造成心神不寧，故為不宜。

因客廳、起居室為家人交誼的場所，顏色宜以淺牛奶色、淺米黃色等色系為主，如此才能顯得和樂輕鬆。

天花板與牆面，要使用白色、淺奶黃色，地板用米黃色、灰黃色，窗簾則用白色、米色，家具和陳設應配合地板的顏色，這樣才會有整體感。

**DIY紓解法：**

可以將吊扇改用落地電風扇或裝置空調設備，屋內顏色如有不合適時，可以另行給予粉刷。

# 第四節 臥房

此處所指的臥房，乃專指主人房而言，臥房最好能避免與廚房相鄰，如果有的話，可將此房間當作書房或起居室。

房間以近似正方形為最佳，不可過於狹長，也不能為圓形、樓中樓或不規則的形狀，更不能有太多柱角相沖，或橫樑壓床等情形，否則，居住者會心神不寧。臥房內的陳設家具、裝飾等亦以方形為宜。主人房屬於「夫妻宮」，主掌夫妻的感情與健康。如果是未婚或單親貴族，則為健康與異性緣分的作用。

一般上，主人房不必太大，果不然會顯得空蕩孤寂，至於光線也不必太亮，以柔和為主，所謂「明廳暗房」即為這個道理。如能這樣，則在房間裡睡覺的人或夫婦，才能過著幸福美滿的生活。臥房最好設在安靜、空氣流通者為最佳。

茲將影響臥房吉凶的情況，分別加以討論如下：

**1・方位**

臥房的方位，可以依照前（七）章中所論述東四宅與西四宅的方法，選擇屬於自己吉利的方位。

**2．房門勿對大門**

臥室房門最忌諱對著大門，而形成「穿心煞」不吉，主居者非但會不安於室，並且更會事事難以順遂。

**DIY紓解法：**

可在大門與房門之間適當位置，設置乙座落地屏風，即可加以紓解。

**3．房門不宜正對下列各門：**

**（1）儲藏室門**

因兩個門都為動方，不符合左青龍右白虎的原則，故而整個家人會吵鬧不休，同時也容易遭受小偷。

**（2）廚房門**

此因會讓廚房內的濕氣、熱氣、油煙沖入房內，不利身體之健康。

**（3）廁所門**

因廁所穢氣太重，會讓穢氣沖入房內，對健康極其不利。

DIY紓解法：

設法改變房門的位置，不要讓兩個門正面相對。

**4·平整天花板**

天花板以平整為宜，切忌凹凸不平或有橫樑壓床等情況，果不然會影響視線感覺不好，尤其鋼筋水泥橫樑磁場比較強，容易干擾主居者的血液。

DIY紓解法：

改設為平整天花板，橫樑則用裝潢加以遮住。

**5·主人房居中**

主人房應設在宅屋的中央，此因居住此房的主人，乃一家之主的中心，對整個房屋狀況才能有所了解及處置，故為一個吉相。

## 6．化糞池勿在室內

水溝、化糞池等切勿位在室內，此因水溝在室內地面經過，會帶來很多污水、穢氣等，不利身體的健康。而化糞池在室內，則會聚集大量的穢氣，甚至於臭氣亦會外洩，不但對身體健康不利，亦會影響到家中的財運。

**個案：**

在筆者住家附近，有一排面臨大馬路的五樓公寓，一樓闢作店鋪，在邊間的一樓臥房內設有整棟大樓公用的大化糞池，第因穢（煞）氣太重，非但有礙健康，事業更難有成。因之，很多人貿然在這裡開店，屢屢因門可羅雀，最後，老闆祇好功「敗」身退，換個不知就裡的人來作老闆了。

**DIY 紓解法：**

不必再猶豫，能夠將煩人的化糞池移走乃為上策，否則，祇好用三十六罡法來制煞了。

## 7．騎樓上方的禁忌

有些樓房一樓當店面，樓上當住家，則騎樓上方的房間，不得做為臥房、客廳或起居室。此因騎樓下方人來人往，人氣太雜太亂，會妨害財氣的聚集，同時也大大不利身體的健康。

**DIY紓解法：**

把臥房、客廳或起居室遷走，改為其他如儲藏室的用途。

## 8．不宜加蓋

倘將老舊平房的房頂拆除，保留原有柱子、牆壁，而加蓋二樓，此為大凶。因原有的柱子、牆壁設計時，祇能承受一樓平房的重量，如果貿然加蓋二樓，很可能會因地震而倒塌，危及身家、財產的安全。

**DIY紓解法：**

務必拆除柱子、牆壁予以重建，或設法將柱子、牆壁加以補強。

## 9．廚廁勿在前方

一般上宅屋的格局，客廳應在前方，臥房在後方，交誼性空間在外側，私密性空間在內側是為理想的格局。如果一進門就先看到廚房或衛浴間，此為大忌，家運必會衰落，財帛亦會流失。

DIY紓解法：

能夠加以改善最好，要不然可以效法孟母三遷，搬之大吉。

## 10．屋壓人不宜

宅屋面積的大小，要與居住人口成比例，假若宅屋坪數過大，而居住人口稀少，整棟房子會顯得空蕩冷清，人氣不旺，而有屋壓人的不好後果。

DIY紓解法：

可以多召一些人來同住，或者換一間比較適宜的宅屋也不錯。

## 11．臥房被衛浴間包圍

假如主臥房一邊是公共衛生間，另一邊是主臥房的衛浴間，則此主臥房稱為「病痛房」，對腎臟方面影響最大。此因室內濕氣太重，而且又不容易排除。

DIY紓解法：

最好將主臥房的衛浴間停用改為儲藏室，以減少主臥房的濕氣。

## 12．房間顏色

房間小最好使用淺色系顏色，這樣看起來會覺得比較明亮寬廣，千萬不能使用深色，要不然，會有壓迫感。

主臥房使用乳白色或淺黃色，唯不可以使用紅色系或太複雜的顏色，會使人心律加快，血壓升高，甚而難以入眠。

未婚女性的臥房，應以淡紅、鵝黃、淡橙等清爽暖色系列為宜，但不宜使用白、藍、綠等寒色系列的顏色。

## 13．床鋪

我們一生有三分之一的時間，都在床上度過，因此對床鋪擺放位置，以及有關的事宜，也不可不加以慎重。

通常床鋪要擺在有生氣的地方，生氣地方係指東方、南方，或可因個人生辰不同而有不同的選擇。

### （1）床鋪選擇

如果是未婚或單親者，不宜選用雙人床，以免孤枕難眠，並難找到另一半。如果是夫妻，可選擇雙人床，抑或兩張分開的單人床，當然最重要的是以不影響睡眠的品質，以及婚姻品質為首要的考量。

床鋪要有四腳落地，床下不可有抽屜，做為儲存物品的地方，此對睡者極其不利。

（2）床頭忌擺電器

床頭櫃只宜簡單，上頭不可堆積太多物品，也盡量不要在床頭櫃上陳放任何電器用品，避免受到電磁波的干擾，而且影響身體精神狀態。

（3）床底須通風

一般上，床鋪的高度不宜超過廿二吋，太高時，不但上下床不方便，而且雙腳懸在床沿也不適宜。

床底下宜應空曠，盡量保持通風、乾淨，不可堆積雜物，不要四周密封貼地面，容易產生濕氣，對身體很是不利。

**14．牆面三不宜**

在擺放床鋪時，應盡量避免床頭不要有下列三種情況之一，否則極為不吉：

（1）床頭不與電梯、樓梯共牆

主因電梯會產生快速移動的氣流，而樓梯間則經常有人來人往的吵雜聲，兩者都容易影響到睡眠的品質。

DIY紓解法：

應該盡量加以避免，或者將床頭改個方向。

（2）床頭不與衛浴共牆

通常衛生、沐浴場所，會存有大量穢氣、濕氣，如果床頭與衛浴共用一道牆時，此對睡在床上的人，會妨礙其健康。

DIY紓解法：

建議將床頭掉個方向，或在衛浴間加裝抽風機，將污穢、潮濕之氣排放掉。

（3）床頭不與電視共牆

如果床頭與客廳中的電視共同牆面，則會因電視釋放大量電磁波，久而久之，很容易導致腦部病變。

DIY紓解法：

將床頭或電視移位，要不然斥資另外購買一台電磁波比較少的液晶電視也可以。

## 15・臥房不宜擺放的物品

一般上，在臥房當中，絕對不可以擺放下列這幾種物品：

（1）掛刀、劍、棍（金屬製品）、尖銳、花瓶、閃亮發光類的物品，因為這些物品會產生大量戾氣，造成臥房氣氛不對，有礙和諧。

（2）過濕的物品，如水族箱等，因為會導致臥房的濕氣太重。

（3）過量的電器用品，因會產生電磁波的干擾。

**DIY紓解法：**

可將電器用品移到床鋪的青龍方。

（4）太多的水晶、玩偶、石頭等，主居者很容易睡不著，並且會招來一些不友善的人來投靠，從而會產生爛桃花。

（5）不宜有太多的盆栽，以一、二盆為適宜，

果不其然，夜間會釋放過量的二氧化碳，而妨礙身體的健康。

**DIY紓解法：**

在臥房中，如有上述這些情況時，最好將數量酌予減少，或使用空調、除濕機加以改善。

### 16．床頭勿朝西

床頭如果朝西，會因西方為極樂世界，故而頭部朝西不吉。又因地球自西向東轉，變成頭在西方而腳在東方，血液會往頭部的方向衝，日子一久對健康也很不利。

**DIY紓解法：**

把床頭調個適宜方向，即可加以避免。

### 17．房中房不宜

時下很盛行樓中樓的建築，又或是房間內另有一個不是男女使用的空間，這些都不宜當作臥房，不然的話，會影響男女主人的婚姻，唯可將另一個空間做為起居室或儲藏室。

**DIY紓解法：**

如屬於後者的情況，在此多出之空間，另外加開一扇房門，以確保私密性，或可將此空間闢作男女使用的更衣間、書房，免得生活上受到他人進出的干擾。

## 18．窗戶

房間窗戶不能過低或與床鋪同高，深怕春光會外洩、欠缺安全感。窗戶以開在東方或南方為最好，可收吉氣又能保持乾燥。

西方開窗，會有西曬，熱氣常持續到夜晚，室內燥熱，故會影響心情安寧。北方也不宜開窗，因北風較冷，住久了極易有呼吸系統的疾病。

**DIY紓解法：**

窗戶如過低可設法加高，若在北方、西方開窗時，除了使用窗簾遮蓋之外，也能夠使用空調設備加以改善。

## 19．內六事的不宜

如果屋內光線、通風不良，窗戶太多，內門太多，房大廳小等，這些俱屬於內六事的一部分，而且皆為不宜。

**DIY紓解法：**

盡量設法將各種缺點逐一加以改善。

## 20．其他禁忌

臥房應注意的事項，除了上述各項之外，仍然需要留意下列幾點：

### （1）床向忌對房門

床鋪最好有一邊靠牆，才能獲得充分休息的效果。通常要擺在「白虎方」，即站在房門往內看的右側，如果沒有窗戶最為合適，萬一無法兼顧，也祇好擺在未開窗戶的牆邊了。

床向乃指床鋪的方向，通常指頭部到腳部的方向，床向如果能配合個人的八字，放在生氣方時為最好。

除此而外，床向不可以直對或橫向正對著房門（或落地窗），會產生氣場擾動，不但不雅觀，而且因人在房中睡覺時，是最安靜亦是元神正聚集，故而絕不可有任何事物來干擾，要不然容易作惡夢、失眠，並導致精神衰弱。

**DIY紓解法：**

趕快將床鋪調整至適宜的方向、位置。

（2）床忌背門

意即人不可背門而睡，抑或床頭後面留有空間，在這種情況下，睡眠時容易產生不安全感，從而情緒會不穩定，終致有病魔纏身的困擾。

**DIY紓解法：**

將床鋪調整到適當的方向、位置。

（3）樑不壓床

床鋪不宜擺放在樑下或樓梯下面，因會有壓迫感，造成床鋪有壓樑情形，此時可以使用寬一點的床頭櫃或矮櫃予以避開，或用天花板將橫樑封起來。

**DIY紓解法：**

移開床位，或者用天花板加以隔開，或可在樑下裝設燈光，由下向上照射，才得以減少壓迫感。

（4）床頭忌對窗戶

床頭忌正對窗戶，此因陽光強烈照射，會讓人睡不安穩，影響身體的健康。

**DIY紓解法：**

如有這種情形時，可使用窗簾加以遮擋，即會沒有此種無謂的困擾。

（5）忌有凹入牆

臨近床頭的牆面，不可以設有凹牆中的壁櫃，因為壁櫃上面會擺放不少的物品，萬一不小心掉下來時，很容易產生意外，故為不宜。

**DIY紓解法：**

將壁櫃移至其他的地方。

（6）廁所不沖床

廁所不可以沖著床鋪，否則的話容易使穢氣、濕氣沖到臥室內，而對睡覺的人身體會不利，並容易生病。

**DIY紓解法：**

可以在廁所門上加裝超過門把的門簾或將床鋪移開，或封閉廁所，即可加以化解。

（7）床不對鏡子

床鋪不可以對著鏡子，蓋因鏡子會反射到其他的人與事物，導致睡在床上的人會十分不寧，而且有時看到自己，更會受到驚嚇。

**DIY紓解法：**

此乃小事一樁，用一塊布將鏡子遮起來，要用時才拿開，或將鏡子移位不正對床鋪。

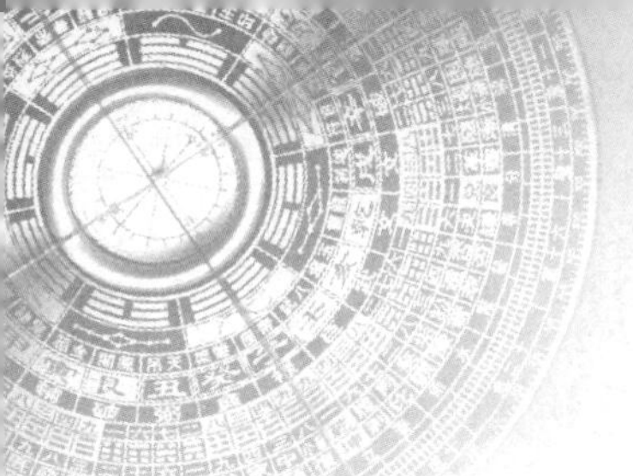

（8）床上不宜燈照

床鋪的上方不宜有主燈，此因燈光直接照射睡在床上的人，會睡不安穩，疾病頻生，實在不吉。

**DIY紓解法：**

將此燈座移至床鋪上方的外圍。

（9）床鋪忌直角窗

床鋪忌放在向外推的直角窗下，蓋因直角窗向外推開時上面是窗，睡覺時所有視線概為窗外，心理上會有睡在戶外的感覺，於是睡覺難得安寧，另陽光會從上面窗戶直射在床上，亦會造成睡眠不足，對身心皆有不良的影響。

**DIY紓解法：**

將床鋪略為搬開，不要讓它太靠近直角窗。

# 第十章　宅屋風水（二）

在本章內，我們將繼前（九）章宅屋風水（一），賡續探討宅屋中，有關小孩房與老人房、書房、神明廳、廚房與廁所浴室以及飯廳、陽台、儲藏室等部分內六事，影響宅運吉凶有關之各種問題。

# 第一節 小孩、老人房

本節所探討的主要課題，為小孩房與老人房，這兩者如何趨吉避凶所應考慮的因素，除了在前（九）章中所討論各事項之外，仍應各適其性，而必須再注意下列幾種情況。

## 一、小孩房

小孩房為男女宮，對小孩成長具有很大的影響，舉凡小孩的健康、學業與品德，都是息息相關。小孩房的位置是否得宜，直接會影響到他（她）的品行，而方位的決定，更攸關他（她）的讀書課業問題。

小孩房內書桌的擺放，應以面向著房門，背向牆壁為宜，如此讀書能力會比較強，反之，如面向牆壁而背向或左右對著門，則在這種情況之下，他（她）讀書時，會比較不專心，能力自然會減退，甚而也可能會塑造成行為上的偏差。

我們在設置小孩房的時候，一般應該注意下列幾個事項：

### 1．格局方正

小孩房的格局，應力求方正，不可以呈三角形，否則會影響其人格的發展，此與易經：「相其物宜」的道理是相吻合的。

**2．忌恐怖玩具**

小孩房應該以個人作功課和玩樂的地方為最佳，至於玩具與壁飾，最忌諱使用老虎、恐怖以及尖銳有刺或含有毒性的玩具，以避免產生暴戾之氣或受傷害或有中毒之虞，是以應該讓小孩在祥和氣氛之中成長。

**3．光線和床位**

這兩者與我們在前（九）章中臥房所討論的情形相似，唯採光不可太強，強則傷肝，亦不可太弱，否則會傷肺，故對採光問題宜應特別加以注意。

**4．房間顏色**

小孩房間一般以中性顏色為最佳，或者也可以他（她）自己買喜歡的畫片加以布置，如果生性比較好

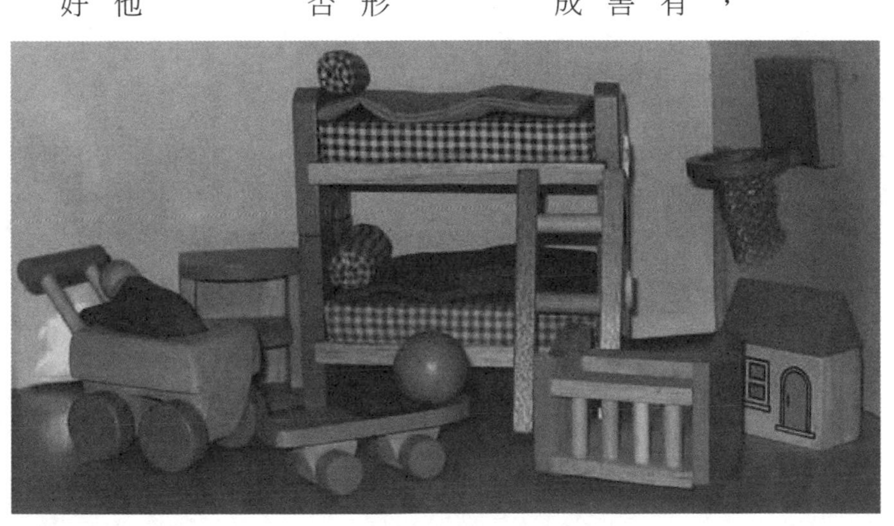

動的小孩，可酌情使用如淺綠等寧靜顏色，使他（她）身心能夠得以安靜。

## 二、老人房

老人房屬於父母宮，主宰父母的健康以及與子女間互動之關係。因老人待在房間裡的時間比較多，所以房間不宜潮濕也不能有穢氣，光線要充足，通風要良好，室溫要適宜，否則，老人身體會不好，而常常生病。

至於應如何安置老人房，則必須兼顧下列幾項大的原則：

### 1．安靜

老人房務必力求安靜，不要設在家人走動最頻繁的地方，又因西方為老人本命方，因此，他的房間應該選擇在宅屋西方靠裡面的房間，否則，應該選擇在西北方或北方也可以，但因這些地方風大而且又冷，所以房間內的溫度要控制適宜。

### 2．擺設要簡單

老人房間內的擺設，應以簡單為首要考量，不可以放置水族箱、盆景等陰氣比較重的物品，也不能夠放置花瓶，瓶內插杜鵑花，窗外也不可以看到杜鵑花，不然會有不吉兆。

### 3．毗鄰衛浴間

老人房如果能毗鄰浴室廁所為最好，此因要沐浴、如廁較為方便，設若可能的話，在其房間內設置浴廁設備則為最好。

### 4．樓下最佳

由於老人行動不便，如為透天厝，而又無電梯設施時，老人最好住在樓下，以避免上下樓梯時發生意外，危及身體的安全。

### 5．房內顏色

老人房要以寧靜愉悅為前提，因此，可以使用豆綠色、檸檬黃、淡鵝黃等系列顏色，而不可使用對比強烈、深色、重色等色系，這樣會讓老人心情不安、急躁。

## 第二節　書房

書房屬於官祿宮，主掌一家人智能、職業與處事的能力，它與學術界或文藝創作者有極為密切之關係。因此，書房在宅屋中必須平衡，大小要相配，如此在書房工作便能順利而吉祥。

書房不要過大，要不然非但浪費空間，更會影響工作情緒，甚至於會有空虛和不充實的感覺。當然也不可以太小，果不其然家人的生活情緒，不僅會受到很大影響，對子女的教育亦會顯得冷漠。

書房是用腦思考、用眼睛看書的地方，所以要保持空氣新鮮，氣氛安寧，並且光線充足，動線良好，色澤宜爽的基本原則。

一般上設置書房時，所必須考慮的因素，尚有下列幾項：

**1．書房方位**

可參酌本書前（七）章東西四宅中的論述，以選定書房最佳的位置。

**2．書桌座向**

書桌應放在文昌位並向著吉方，一般上，書桌要背向牆面，以免看不見背後，發生狀況導致心神不寧，或者也可以面向牆壁。

**3．桌上有大樑**

假如書桌上方有大樑時，一般都不會坐太久，而且長時間坐下來，身體更會受到影響，如脾氣個性皆會變得急躁而難於理喻。

**DIY紓解法：**

可以在書桌上面擺放一個大型白水晶族，或將書桌移位。

**4．書桌不可背門**

書桌正後方為房間門時，小孩會比較不專心讀書，影響課業，同時也會嚴重犯小人。

**DIY紓解法：**

設法將書桌調個合適的方向。

### 5．書桌忌背窗或臨窗

如果書桌背對窗戶，或是太靠近窗戶，這些情況會使人容易分心，導致注意力比較難於集中，嚴重者可能會造成記憶力衰退。

**DIY 紓解法：**

設法把書桌移位，盡量讓左側靠窗戶。

### 6．書桌不宜

書桌不宜正對廁所門或與廁所共用一道牆，或其背後不可跟廁所共用一道牆，旨因廁所穢氣及濕氣恐怕會污穢文昌，導致科名難發，所以應該盡量加以避免，使能保持文昌位的清潔乾淨。

**DIY 紓解法：**

設法調整書桌擺放的位置。

### 7．書房基本要求

書房一般都要求寧靜、清爽、光亮為其基本原則。茲將這些基本要求分述如下：

（1）寧靜

書房應單獨一間，而最好不要放置音響設備，以維持書房的寧靜，但是有些人喜歡邊看書邊聽音樂，所以也不必太過拘泥、介意，祇要小孩隨興就可以了。

（2）清爽

空氣流通、清爽是書房最基本的要求之一，如果空氣污染嚴重，但是也不要為空氣流通而打開窗戶，否則，灰塵會滿室飛，效果適得其反。

此時可以考慮使用空調設備，或在書桌前面放置負氧離子機，這樣就可以充分供應鮮活的空氣，以保持頭腦清新以及身體的健康。

（3）光亮

書房光線要充足，除了自然採光以外，必要時也可以使用太陽燈，來增加室內的光亮，庶免有礙眼睛的視力。除此而外，天花板上的燈器也應適時打開，以增加書房的光亮。

# 第三節 神明廳

神明廳為福德宮，主掌家人宗教信仰，以及崇敬祖先的事宜，即主家人福氣平安，而類似於父母宮。

神明廳的大小，如果能與宅屋總面積相稱時，則這一家人必定會有很虔誠的信仰，反之，如果太小的話，則家人內心並不顯得有虔誠之意。

家中供奉的神明，如果安置得宜，則會增加風水磁場，家人會更健康，家運會益加昌隆，要不然，風水磁場會減弱，影響家人的健康，阻礙事業的發展，故而不得不加以慎重。

下面我們就特別針對這個問題，提出數項觀點予以論述。

## 一、方位

神明廳擺設的方位非常重要，是以不可以輕率擺設，可依前（七）章東西四宅中所討論的事項來選定。

## 二、位置

神明廳的位置，最好是設在客廳，同時也應保持明亮，通風良好，以自然採光為最好，否則，家人的工作運容易受到影響，唯必須注意光線不可直接照射到神像、祖先牌位、神桌等，一則陽光為陽，而祖先為陰，此對祖先不宜，再則陽光可能會曬裂神像、祖先牌、神桌等。

如果是透天厝或別墅，則宜安置在頂樓，使得神明可以看得更高、更遠，而象徵家人的前途益加光明。

設若是樓中樓，則因樓上並無空間適合安置，故而可以擺設在客廳挑高的地方，其他地方則不適宜，但若為鐵皮屋，倘若隔音效果良好（不要聽到雨聲）、採光又好，未嘗不可以做為神明廳。

## 三、材質

神明尊身的材質，最好是供奉木材製品，象徵著生生不息之寓意，而銅器、玉器或瓷器等，則比較不理想。

## 四、禁忌

神明廳的設置及其周遭環境、神桌的安放，除開前面我們所談論的幾項之外，仍應盡量避免有下列所提的一些禁忌。

**1．明堂太窄**

神明廳的前面即為明堂，故而不可太窄或者太靠近牆壁，兩者以距離二公尺以上為最適宜，代表子孫發展有遠景，過於靠近，事業運會受到阻礙，也意味著要神明面壁思過，故而不宜。另外，明堂也不宜放置雜物，更不可以晾曬衣服，這對神明是不尊敬的。

**DIY紓解法：**

設法調換設置神明廳的地點，如再無合適的地點，也只好將就了。

**2．忌沖煞物**

供奉神明或祖先牌位地方的前面，不能夠被屋角壁刀、鏡子、電視、大樹、電線桿、水塔、路沖或反弓路面對到，並盡可能不要擺設在大門附近，或直接沖大門口，沒有這些沖煞物，則會為家人帶來好運。

另外，神明廳的地面，也不能比陽台地面低，否則會影響到家人的財運。

DIY紓解法：

（1）可以用山海鎮、廣角鏡、五帝錢或八仙彩等法器懸掛在大門上方鎮宅。

（2）設法將神明廳的地面加以墊高。

### 3．緊靠實牆

神明桌必須緊靠實牆，意味著有靠山，否則容易產生突發事件。供奉神明後方的牆壁也必須是實牆，以象徵有靠山，同時，也不可以是窗戶，庶免象徵沒有靠山。除此之外，神明必須緊靠神龕，即表有靠山，但不能靠在神龕上，要不然，家人容易有腰痛的情形。

至於祖先牌位與神龕之間，必須留二指左右的間距，表示子女有後續之發展，但應注意祖先牌位不可被神龕切到，即不能被神龕的木框對到，要不然，家人脊椎會不好，也很容易腰痠、背痛。

DIY紓解法：

（1）倘有這種情況時，宜早日擇時或於每月初一、十五吉日加以調適，免得有傷身體。

（2）神明後方如為夾板蓋的牆壁時，應該予以加厚，使其更為穩固。如為窗戶也不可以僅用木板加以封住，必須將窗戶拆除，改用磚塊砌成牆面才可以。

### 4．財官義吉位

神明桌安放的位置，其左右兩邊與牆角的距離，必須要能符合文公尺上的「財」、「官」、「義」紅色吉字為最好。唯如距離不夠，至少右邊一定要有吉字，此因右邊為白虎邊，如右邊不吉，可能會逼虎傷人，因而會有血光之災。

**DIY紓解法：**

不要再猶豫，趕快調整神明桌的距離，抑或將其移動至合適的位置。

### 5．桌隨屋向

神明桌的座向，最好要與宅屋座向相同，即一進大門就正對著神位，或在左邊、右邊偏位也可以，當然主要必須配合宅屋內、外在各種因素的考量，以及流年煞方來安置，果不其然，非但財運會逐漸衰退，同時也很容易遭受兩舌是非。

**DIY紓解法：**

神明桌座向如與宅屋座向相反，最好儘快易地擺設。有些大師咸認神位正對大門，即表送神出門，這種說法見仁見智，難於聚焦，筆者認為平日養德為先，心誠則靈，莫管坊間的闊論了。

## 6．桌後忌諱

為尊敬神明起見，神明桌後面不可以做為夫妻房，否則，會比較不容易受孕，也不能做為小孩房或老人房，長期睡下來，未婚者難有良緣，也會惡夢連連，精神狀況會更差。

神明桌後面，萬萬不可以是廁所、儲藏室，或有任何水管在牆面上或是正面看到廁所，左右兩邊是廁所門，這些都是污穢的地方，故而讓神明背靠著不清潔地方，實在是大不敬，非常不適宜。要不然容易有血液循環的病變，高血壓以及中風之困擾。

其他方面，神明桌後面也不可以是爐灶，神明更不能直接或側邊正對著廚房的門或任何一個房間門，要不然家人會脾氣暴躁，身體也不好。

**DIY紓解法：**

（1）設法更換房間，以求心安。

（2）使用布簾或屏風予以擋住。

## 7．神明桌不可壓樑

神明桌不宜設在入門進口處兩側的牆邊，因此處為主動線，人來人往，氣流紛擾，氣場干擾，對神明實在不敬。神明桌也不可以安置在樓梯下方，或樓梯後方，或電梯後方，這些地方都很容易產生意外。神明桌應該安置在宅屋藏風聚氣的地方，而且不可以有直樑或橫樑壓著，讓神明被樑壓著實屬不宜。果不其然，家人很容易有頭痛的困擾。

**DIY紓解法：**

（1）將神明桌移到適宜的地方。

（2）至於壓樑的問題，有部分大師認為只要利用天花板將樑擋住就可以。

（3）唯另有一些大師則認為此舉並不正確，而應將神明桌移到不壓樑的地方，實在是公說公有理，婆說婆有理，莫衷一是，您說呢？

## 8．神明與祖先牌位

神明桌上如果同時安奉神明及祖先牌位時，神明必須安奉在左邊，祖先則安奉在右邊位置，祇因神明為陽，祖先為陰，絕對不可以陰陽顛倒，要不然很容易產生陰陽反背，陰盛陽衰，家中女人恆比男人強。

供奉神明的數量，僅忌諱兩尊或四尊，其餘不拘，唯也不適宜供奉太多神明，尤其是人丁稀少的住家，更屬不宜，不然的話，會使家人產生精神上之困擾。

祖先牌位若與神明共神桌供奉時，祖先牌位不宜高過神明，而神明香爐的高度不可以高過神像腰部，神像的腳也不能踩到香爐。

祖先香爐更不可以高過神明香爐，而且神明香爐在前面，祖先香爐須比神明爐後退，用以代表長幼有序。

香爐最好為銅製品，陶瓷也可使用，神明香爐不可以有把手，祖先香爐要有把手（俗稱耳朵），代表子女會聽從長輩的話，香爐要符合文公尺上

的紅字。

如有供奉雙姓祖先時，則主姓應在左邊，副姓則在右邊，兩者之間可以利用隔板或紅線加以隔開，供品最好也分開擺放。

**DIY紓解法：**

萬一有不符合上述這些要求時，趕快加以調適，以求心安。

### 9．神龕不宜

神龕不宜安置在臥房內，廚房或廁所的門口及旁邊，因神位乃是一家之守護神，因此應該避開臥房、水火，同時也不能安置在流動性大或者吵雜不乾淨的地方。

**個案：**

以前有一位遠親於兄弟分家後，在公媽隨人拜（台語）之下，因為沒有分到廳堂，所以也就沒有合適地方，可以供奉神明、祖先牌位（公媽），不得已只好把以前的臥房權充神明廳，事過三年多後，其妻子突然因罹患口腔癌，延醫治療一年多，終告不治離開人間。

**DIY紓解法：**

設法將神龕移到其他合適的地方。

## 10．神明桌上的擺設

放置在神桌上的花瓶，不可以空著，也不可以放人造花，一定要供奉鮮花。如有水杯供水，每天要換水，不可以空著，要不然容易耗損財運。

若有尖銳的燭台，應盡可能插上蠟燭，如僅在初一、十五點蠟燭，則其餘時間可以將它收起來。神明、祖先兩側都要擺設燈座，如果空間小而未能擺設時，至少要有一對，代表光明之意。

神明廳隨時要有香火，更要敬神如神在，敬佛如佛在的虔誠，另外，燈台也要時時點亮才好。

**DIY 紓解法：**

花瓶如不插鮮花，水杯不供奉水時，最好都把它收起來，等到要用時再拿出來。

## 11．神明桌周遭力求整潔

神明桌高度不能夠太高，在安了神位之後，要力求神桌下方、周遭不可以堆放雜物、垃圾筒、電視機，也不可以在神明桌上面放置藥品，這對神明是太不敬的。

除此而外，也不能擺放水族箱，蓋因水主陰，而神則主陽，設若燭水共處，即水火相沖，會造成陰陽相背，水火相凶。

神明桌的左側可以擺設飲水機（密閉式），蓋因龍係管水，而虎則怕吵，因此右側不可以擺設電氣用品，也不宜放置高櫃。

神明桌上方不能裝設冷氣，冷氣也不可以設在神桌的對面。另外，神明尊前的燈器，要用圓形燈管，不宜使用長方型燈管，不然會直沖神明而不吉。

**個案：**

記得小時候，住在鄉下，斯時因醫藥不太發達，加以交通不便，生病的時候，看醫生或買成藥都很不方便，所以就有藥商會派人到鄉下挨家逐戶寄放一些常用的成藥，諸如感冒藥、頭痛藥、紅藥水等，並裝在一只特製的紙袋內，以供住家不時之需，藥商則會定期派人挨家逐戶收錢，並將短缺藥品補齊，這種方式俗稱「寄藥包」，在鄉村行之有數十寒暑。

一般住戶常常為了方便取用，都將這種藥包袋掛在神明廳左右兩側的牆壁上，殊不知這是患了大忌，日子一久，若家人八字較低時，常常會發生感冒、頭痛之病痛，不知不覺率而變成藥罐子了。

**DIY紓解法：**

家中如果有這種情況時，應趕緊設法加以排除。

## 12．其他

通常可以利用除夕期間，檢查神明（像）是否有裂痕，或是脫漆情形，這些情況不允許存在，要不然容易引來邪靈入侵。

正常初一、十五或除夕早上七至八時，可以擦拭神明桌、神像、祖先牌或神器等物品，而祖先牌位前方的玻璃櫃，更應該擦拭乾淨，千萬不可以模糊不清。

**DIY紓解法：**

神像如有裂痕宜速加修補，脫漆時亦應趕快補漆。

# 第四節 廚房、廁浴

本節主要在於論述一般人所常忽略的廚房與廁所、浴室，對宅屋吉凶所扮演的角色，以及所應該避免的一些禁忌。

## 一、廚房

廚房在宅屋中居有很重要的地位，它屬於疾厄宮和福祿宮，主掌家人飲食生活，身體健康的問題。凡人每天必須飲食，而與此有密切關係的空間即為廚房。故而廚房位置良窳與否，乃攸關著全家人飲食安全與身體健康。

### 1．方位

廚房的方位，原則上以設在東方和東南方為最佳，此因這兩個方位比較容易曬到陽光，廚房易於保持乾燥，不會陰濕，對全家人健康大為有利。

另，因廚房屬火，對於有關八方位吉凶之分，為使讀者便於閱讀、瞭解，特將此八方位彙列簡述如下。至於更詳細的討論，則請參酌本書第七章東西四宅中的論述。

如果可行的話，廚房之方位、位置配合主人的八字來安置，實乃上乘之策。

### （1）旺吉方位

震方位：震（東）方陽光容易照到，乾燥衛生。

巽方位：巽（東南）方陽光充足，乾燥衛生。

乾方位：乾（西北）方中之戌、亥方為金，火剋金為吉。

坎方位：坎（北）方中之壬、癸方為水，水剋火為吉。

### （2）吉凶參半方位

兌方位：兌（西）方為金，金剋火為吉，但因會有西曬，食物如果未儲藏在冰箱內時，則不容易保存。

### （3）凶相方位

離方位：離（南）方容易將廚房之熱氣、油煙吹到室內，不利身體。

坤方位：坤（西南）方俗稱「裡鬼門」，西曬熱氣容易進入室內，食物如果沒有儲藏在冰箱裡面，則很難於保存。

乾方位：乾（西北）方中之乾方常吹西北風，會將廚房內的熱氣、廢氣吹到室內。

坎方位：坎（北）方中之子方會有寒冷之濕氣吹入室內，對女主人健康至為不利。

艮方位：艮（東北）方俗稱「表鬼門」，不僅背陽又有濕氣，更有寒冷的東北風。

DIY紓解法：

廚房所在的方位如認為不吉，應該設法改變其方向或更換位置。

**2．廚房門**

廚房門不可以和客廳大門直線相對，因為廚房有火、有水，諾然在此進進出出，很容易引動氣流，而影響到水火的安定性。同時，也不可以正對著房間門，乃因廚房的熱氣與廢氣會吹入房間裡面，門神和灶神剛好正沖，不利於身體的健康。

其他如也不可以和廁所門相對，非但不雅觀，同時廁所的濕氣、穢氣會流到廚房，形成水火不相容，而且也礙衛生。

DIY紓解法：

（1）如果廚房門和客廳大門成一直線而無法避免，則在使用廚房時，宜盡量少開啟大門或可在適當地方擺設屏風予以隔開。

（2）至於門對門的問題，如果能將其中一扇門改變位置即可解決，要不然就在門上掛個簾幕。

### 3．水火既濟

廚房既用水也用火，是宅屋中製造廢氣、燃燒柴火、瓦斯的地方，所以必須水火既濟，通風良好，始能確保家運昌盛。

**DIY 紓解法：**

廚房如不符合此項要求時，何妨儘速加以改進。

### 4．忌在兩房中間

廚房最忌設在兩臥房的中間，此對兩邊居住者都會不利，亦忌設在宅屋中央，實因中心點本忌置放重物、雜物，當然也不能放置爐灶如瓦斯爐、電爐及壁爐之類的發熱器具，所以也更加不允許設置廚房。除此而外，廚房也不可設在封閉屋內，應該要有後陽台、天井或後院（巷），果不其然氣場不流通，通風不好，燃燒的廢氣會滯留在屋內，不僅有礙健康，而且家運會衰敗。

**DIY 紓解法：**

假如能夠改變廚房的位置最好，若無法改變現狀，則退而求其次，只有加裝強力抽風機來接招了。

## 5・爐向朝內

廚房瓦斯爐的爐向，乃指瓦斯爐的開關面，而非指使用者的站向。有一派大師認為瓦斯爐應該擺在吉位上，而面向屋內。

另外，有一派大師則咸認爐向（火）應向吉方，而不必考慮爐台的位置。當然，爐向也不能正對著廁所的門，果不然家道會宛如金被蓋雞籠，也會日趨衰落。

**DIY紓解法：**

如認為爐向（火）的位置，違反前述原則時，宜速將其位置調適，或更動廁所門的方向。

## 6・廚廁忌同室

廚房跟廁所不宜設在同一空間內，要不然會因廁所的穢氣，而影響到食慾，對身體的健康至為不利。

**DIY紓解法：**

建議利用裝潢將兩個空間隔離，分成兩道門各別進出。

## 7．背靠實牆

瓦斯爐要靠實牆而設置，不宜背面懸空無靠，即無靠山。而此牆的後方，如為後陽台，不能有水井和馬達之類的設施，要不然對主婦會有不利的影響。

另外，也不可以在此道牆面再開設窗戶，不然極為不吉，主財帛會大量流失，或已有窗戶，而高度低於爐火，容易將爐火吹熄，也非常危險。

**DIY紓解法：**

（1）可以調整瓦斯爐位置，或設法在爐後加設一道實牆。

（2）因窗台和窗格常會積留油垢，而難於清洗，顯得很髒，因此，可以使用金屬板或防火器具把它全部遮蓋起來。

（3）倘無法改善時，在安全無虞之下，可以緊閉窗戶，或者移開瓦斯爐的位置。

## 8．不宜正對路口

無庸置疑的，路口即風口（港），瓦斯爐如果正對著路口，則大風很容易吹熄爐火，造成瓦斯外洩而釀成災害，所以應該謹慎為之。

**DIY紓解法：**

如於再加裝一扇門或屏風後，仍然無法改變風向時，祇有挪動瓦斯爐的位置了。

## 9．莫與水為鄰

廚房乃為水火共處的地方，為用火安全起見，瓦斯爐不能夠正對水龍頭，如兩者設在同一邊時，則瓦斯爐必須與洗槽相距三十公分以上，以避免水火相煎而不吉；果不其然，家中難於安寧，家業空耗，疾病纏身，影響健康至鉅。

**DIY紓解法：**

設法在瓦斯爐與洗槽之間，使用切菜台做為兩者之緩衝帶，或是更動水槽或是瓦斯爐的位置，並應小心注意安全。

## 10．其他

（1）不得在橫樑正下方，設置瓦斯爐，此對女性健康非常不利，易患疾病。

（2）瓦斯爐忌放在化糞池、排水溝上面，廁所污水也不可從廚房下方流過，排水系統必須由屋前排向屋後。

（3）萬勿在瓦斯爐上方張掛鐵線晾曬衣服，容易引起火災，對灶神更是不尊敬。

（4）不能將洗衣機、烘乾機擺放在廚房內，因其聲音太吵，況且廚房為灶神所在，非常神聖，著實不宜在其前面洗、烘衣服，大肆製造噪音。

**DIY紓解法：**

最簡捷的方法，就是移動瓦斯爐的位置。另外應該將洗、烘衣機移開。

## 11．冰箱擺放

在廚房中，冰箱與瓦斯爐向應盡量避免相對，俾免水火對沖，而冰箱也不能正對著門（含陽台後門），此因冰箱乃為暗財庫，不可以門開即讓人看到自己的暗財庫，並且亦易於沖到大門的煞氣。

**DIY紓解法：**

建議改變冰箱或瓦斯爐的位置。

有關飯廳部分，容在本章第五節　其他部分中再行分解。其他如家中有孕婦，應盡量避免改造廚房或移動爐灶、搬家以及蓋房子，以免沖犯胎神，對孕婦、孩子都不利。

## 二、廁所

廁所屬於疾厄宮，對全家人身心健康有很大的影響。因此，廁所在家中如果能夠平衡的話，則全家人的身體必定能夠健康。

一般上，廁所假如太小，不平衡，會使全家人身體不健康，唯如太大的話，同樣也會使家人身體不健康。廁所不可雜亂無章，必須經常保持乾燥清潔。

在現代人的生活當中，廁所、浴室已然從基本的生理需求，進而增加一些功能性之需求，如氣泡按摩浴缸，既可促進血液循環幫助肌肉運動，舒壓解勞，又能產生負離子，清新室內空氣，有益於身體的健康。

故如廁所浴室風水不吉利，非但會引發泌尿系統的病變，男女亦會招惹是非。

宅屋在設置廁所時，應該慎重，並應留意下列幾個事項：

### 1．方位

廁所、浴室在我們日常生活中，關係非常密切，因此，不能不加以重視。有些大師認為廁所並無所謂吉相，至其方位的選擇，除了應避免蓋在宅屋中央、東北方、西南方（鬼門）外，其他方位都可以，唯如選擇在朝北的方位，將會招致不幸的災難，而且對身體的健康也大為不利。

相反的，另外又有些大師則秉持不同的觀點，認為廁所應該設在吉方。

**2．廁所不宜在宅心**

宅屋的文昌位、財位以及正中央為「宅心」，地位相當重要，千萬不能設置廁所，要不然大量穢氣必然會流竄到屋內每個房間，使得住在裡面的人，每天都吸入大量穢氣，對身體健康大為不利。

另，因廁所設在宅屋中央，光線必定不佳，曬不到太陽，加上廁所水分又多，導致大量濕氣遺留在屋內，容易發霉，滋生細菌，對身體影響相當大。

**DIY紓解法：**

倘若宅屋有這種格局時，不要踟躕，絕對要把廁所移走，即便是使用抽、排風機也不可以。

**3．門向位置**

廁所的門向，不可以正對大門、臥房門或廚房門，不然一踏進大門就看到廚房、廁所，實在不太雅觀。

而廁所的位置，也不宜設在室內走道盡頭，此為大凶，蓋因如廁後，出來時會將穢氣、濕氣，沿著走道擴散到鄰近的房間，確實很不衛生。

**DIY紓解法：**

廁所應設在走道兩旁，並留有窗戶，除自然採光外，還可以通風。

## 4・馬桶方向

依某一派風水大師的論述原則，廁所應該安置在宅屋中的四凶方，同時，馬桶亦應朝向四凶方，此即常言的「壓凶向凶法」。而另一派風水大師則力主在吉方。

此外，馬桶的方向（圓形部分）不可與大門同向，亦不宜與廁所門同向，即人蹲在馬桶上時，臉部正好對著門，實在很不雅觀。

馬桶也不可與廚房、爐灶正面相對，要不然的話，家中的人腸胃會有病變，或者有很瘦或很胖的人。

**DIY紓解法：**

馬桶方向最好是與廁所門垂直或錯開，最好是跟地球磁場同向，即南北向而不要東西向。但有大師認為不必太執著馬桶的方向。

一般廁所門不可與大門（前面已論述）、床鋪、廚房爐灶、餐桌以及神明桌對沖，馬桶不和大門同向。

**DIY紓解法：**

如有這些情況，而無法避免時，那麼不用時必須將廁所門予以關閉。

## 5．應有窗戶

廁所浴室最好有比較高的小窗戶，使得陽光充足，空氣流通，如為密閉而且通風不良時，對家人健康甚為不利。

**DIY紓解法：**

（1）欠缺窗戶以致通風不良時，可以加裝抽、排風機（扇）將濕氣、穢氣抽、排掉，或者擺一盆水耕黃金葛等闊葉類植物，也可以調節廁所的空氣。

（2）現在流行中的小套房，因集臥房、浴廁、客廳於一房，所以更應特別注意除濕、通風。

（3）另外，沒有窗戶，以致採光不佳時，可以設置一盞小燈，就中首以香精燈為最好。

## 三、浴室

事實上，在現代建築結構上，悉將廁所、浴室併為一個格局，亦即兩者共用一個房間，以便節省有限的空間，所以我們在前面探討廁所有關的種種忌諱，同樣也適（可）用在浴室之中。

浴室為男女宮，主宰家人對異性的關係，以及對異性的人緣有密切的關連，所以浴室要豪華亮麗，如此異性才能受惠，對異性的幫助才會大。

當然，浴室的設施因人而異，應量力而為，不可逞強，只要適用就可以。至於浴室中有關設備盡可能符合下列數個原則。

### 1．慎防中毒

如為國產的熱水器，千萬不可以裝在室內，因會有一氧化碳中毒的顧慮，實在非常危險，能夠裝在室外最好，要不然也要裝個抽、排風機，將室內所聚積的廢氣加以排除。

**DIY紓解法：**

建議設法將熱水器遷裝到室外，或者加裝抽風機，以防萬一。

## 2・淋浴卡好

以前絕大多數的人洗澡時，總是喜歡泡在浴缸裡享受沐浴之樂，然因浴缸佔地較大，耗水量又多，著實不甚經濟。

現在一般人都改用淋浴，因淋浴會產生大量水氣和負離子氧氣，不但省錢省空間，更有利健康實在卡好。

**DIY紓解法：**

為了不跟荷包過不去，並利健康，趕快換個蓮蓬頭吧！

## 第五節　其他

在本章最後一節中，我們將針對飯廳、陽台與儲藏室，影響宅屋吉凶有關的諸項問題，詳細加以探討。

### 一、飯廳

通常飯廳以單獨一間或自成一個格局為最好，如為客廳連飯廳，會有一進大門就看到飯桌的情形，因此，可以在兩者之間適當位置擺放一個屏風，以示隔開為佳。

飯廳最好的位置，係設在東南方，因光線明亮，空氣充足，於用餐中更有益健康。除此而外，仍然要留意下列二個問題：

#### 1．飯廳不宜在廚房

飯廳設在廚房，動線最短，似乎比較理想，唯事實並不盡然，實乃因廚房煮菜時，常會積留一些油煙氣，影響到用餐的衛生，甚至於食慾也會受其影響。

**DIY紓解法：**

設法將飯廳移走，要不然就在廚房裝設抽油煙機，隨時把熱氣、油煙予以抽除，以保

持室內空氣的流通。

## 2．冰箱擺放

冰箱一般都擺放在廚房內，使用上會較為便捷，不過也有擺在飯廳的，如放在飯廳中，以朝北為最好，可納北方寒氣，節省能源，朝南則不適宜。另外，打開大門時，也不可以看到冰箱，以免暗財庫大肆曝光。

**DIY紓解法：**

想辦法調整一下冰箱擺放的位置，確保錢財不外露的隱密性。

# 二、陽台

陽台是屬於福德宮，主掌家人生活樂趣，身體健康之吉凶。一座吉利的陽台，陽光要充足，乾淨舒適，這樣方可提供全家人在這裡得到娛樂和享樂的場所。

反過來說，一座不適宜的陽台，非但不能在這裡輕鬆享樂，甚而還會給家人增添或多或少的不便與煩惱。

陽台彷彿如大門，在宅屋中居有非常重要的地位，為求陽台能夠為家人提供最適當的休憩、享樂場所，特提出下列兩點詳加說明。

## 1・納氣通道

無論是大門入口的前陽台，抑或是客廳落地窗外的後陽台，兩者概為宅屋重要之納氣通道（氣口），由此可知，陽台也就額外彰顯其重要性了。

陽台既然是納氣通道，攸關到宅屋運勢的榮枯，故而務必保持清爽光亮，生機盎然，尤其不可暗淡無光、髒亂不堪，好做為家人休憩、享樂之最佳場所。

**DIY紓解法：**

一個適宜的陽台，務必恆常維持光亮、潔淨、通風。

## 2．陽台綠化

為了淨化陽台，可以作適度的綠化，在陽台上放置一些常綠花木的盆景，除了可以吸收噪音、調節濕度、吸收塵埃外，更能釋放氧氣，陶冶性情，復利健康，實乃一舉而數得。

**DIY紓解法：**

（1）花卉悉以依季節的蒔花為主。

（2）樹木如五葉松、扁柏、黃楊、文竹等比較合適。

除此而外，絕對不可以在屋頂的頂樓陽台上晾曬衣物，此舉會大大地阻礙家道的上昇。

## 三、儲藏室

儲藏室屬於田宅宮，掌控著全家人的物質運，所以它的設置乃決定全家儲蓄能力強弱的要件，如大小能夠與宅屋之大小相配時，則全家人的儲蓄能力與數額必定會很強大。倘若面積過大，則全家人的投資意願會降低，儲蓄能力亦會銳減。但若面積過小，亦會影響到家人對金錢控制之能力，因而會造成大事浪費，財帛逐漸流失。

一般人很容易忽略儲藏室的建置，對其影響吉凶的因素，亦不甚了解。實際上與儲藏室吉凶有關的各種因素，我們已經在前面幾節中賡續加以縷述，此處特別再提出兩點闡釋：

### 1．門勿相對

儲藏室的門不能正對著臥房門，因如兩個門俱為動方時，整個家庭必定會爭吵不停，很難得到安寧，同時，也容易遭小偷而失財。

**DIY 紓解法：**

把儲藏室的門開設在另外地方。

### 2．不與臥房為鄰

宅屋中緊鄰臥房的房間，不可以做為儲藏室，此對身體極為不利，而容易引起疾病。

**DIY 紓解法：**

最好考慮將儲藏室移走。

# 第十一章 商用大樓風水

前幾年國內由於經濟繁榮，工商業發達，各行各業對辦公大樓需求方殷，因之，各幢造形、景觀互異的大樓乃應運而生，形成現今供過於求的買方市場。

這些新建築的辦公大樓，大部分都很講就方位、格局，以及外形，冀期能符合風水上的要求。不過就中仍然有些辦公大樓，因陋就簡，外形、格局、方位等都有待商榷、改進。

有鑑於此，本章特別針對一般辦公大樓風水有關的問題，詳細加以著墨，以期各公司行號於選購、租賃辦公大樓時，知所取捨，庶可催旺運勢，並達到企業得以永續經營的主要鵠的。

至於辦公大樓各項禁忌，以及應該注意的地方，除了本書前面宅屋中所談論的各種事項外，還有下列幾個問題也應額外加以留意。

## 第一節 外部格局

一般上，不管是宅屋外形抑或辦公大樓外形，它給人的第一個印象非常重要，這點實在很值得我們深思、注意的。

恆常辦公大樓最好的形狀是正方形，裡面的格局要寬廣方正，外形切忌奇形怪狀，不可以有U字形、L字形或回字形，果不其然，經營者常常會感到諸事不順心，事業亦難以伸展。

至於辦公大樓外部的格局，有那些事情需要特別加以重視，茲將其彙總闡釋如下：

### 1・美觀與風水

辦公大樓外表美觀固然重要，但是也需要兼顧風水的設計。有些大樓外形設計很好，又蓋得美侖美奂，不過因欠缺風水的觀念，不是外牆顏色不納氣，就是內部格間有欠方正，於是在此上班的族人，處事難得順遂，企業經營亦無法獲致預期的成效，甚至於很難永續經營。

上述這些情形，在現實生活中，不乏有很多實例，如台北市的某某雙星大廈、某某百貨大樓等，均有這方面之缺失。

## 2．騎樓風水

在台灣面臨馬路的大樓，一般都有騎樓，它非但可以讓行人遮風避雨，對商家而言，也多了一些商機。

在風水上，認為騎樓地面應該要比人行道略高，才是吉祥。另外，騎樓的天花板也要比室內天花板高，如此氣場才能夠順暢流入店內，生意才能大發利市。

騎樓不可以懸掛衣物，或堆滿雜物，或停滿機車，這樣會造成行人行走的不方便，不得已祇好繞過店面改走人行道，如此則商機自然就因之而減少，這實在是推財神出門。

## 3．門是納氣孔

風水上常用「乘氣而行，納氣而足」來調和天、地、人三者之間的關係，可見納氣在風水上之重要

了。大門為任何大樓的納氣孔道，所以大門的方位和門向，對納入生旺之氣攸關重要。

一般上大門宜大，且應開在大樓的龍邊，代表生氣蓬勃，門庭若市。另外，大門最忌路沖，如有這種情況，可以利用廣角鏡等法器來沖消煞氣。至於其它有關的禁忌，如各種煞氣等，俱與前面幾章所談的相同。

### 4・八字相合

辦公大樓大門的設置，若能和老闆八字相配合，則為最佳的作法，如果再配合當年大利的流年方位設置，以便找出最佳的方位（門位）。

由於辦公大樓的大門，對企業的榮枯具有相當重要的影響，因此，必須周詳妥善加以規劃，兼顧周遭環境因素，而得以作最有利的處置。

## 第二節　內部規劃

任何辦公大樓內部，正常都要有隔間，而隔間則要以動線流暢、職別區分，再環顧風水觀點，詳細妥善加以規劃。

大樓內部格局的規劃，除了我們在前面宅屋中所探討各點之外，仍應再注意下列幾項，以避免煞氣。

### 1．室內風水

前面曾經論及大樓室內隔間，要以動線流暢、職別（能）區分及風水觀點為主軸來規劃設計，動線流暢旨以氣流順暢，明顯寬直，不拐彎抹角，更不可在動線上亂堆雜物，以免妨礙氣流的進入。

內部辦公室的門不可以直對大門，不但形成沖煞，而且氣流會長驅直入，容易引起人事糾紛，所以應該加以避免。另外，也不可以一踏進大門，就正對著廁所的門，否則不會有好兆頭。

## 2·最佳配置

在騎樓上方的辦公室，不能做為主管辦公室，僅可當作一般職員辦公用。此因樓板下面的騎樓，經常是人來人往的通道，氣流會顯得很雜亂，氣場更受干擾，從而會影響到決策的品質。

一般上，辦公室房間的分配，應將老闆辦公室、財務部及業務部都擺在龍邊，其他的部門則宜設在虎邊。如果能再配合老闆的八字加以配置，則更加理想了。

除此而外，每一間辦公室的門，最好設置在龍邊，如此企業才會興旺。另外，尤應特別注意主管辦公室內，不宜設有水龍頭、洗手台，要不然會有嚴重的漏財。

## 3·財位添財

財位係位在進大門後的左前方或在前方對角線地方，故而此地不宜走動頻繁，更不能為通道，果不其然，不但無法聚氣，而且還會擾亂氣場，財運會節節衰退。

為了廣納財運，財位可以擺放萬年青、鐵樹、秋海棠或發財樹等盆景，使得財源滾滾而來。但另有人認為擺設魚缸也不錯，當然如能再配合老闆的八字，在其辦公室內財位上擺設合適的盆景，那就更好了。

另外，也可以在陽台上擺放一些合宜的盆景，這種作法不但可以接氣、還能滿室生春，對身體和財運大大有利。魚缸要選擇口小底大或圓形為佳，所飼養的魚類要為單數，且要鮮艷活耀，庶免有損財運。

### 4．座位禁忌

在辦公室中，辦公桌對我們的工作職場會有絕對影響力，因此，千萬不能雜亂，更不可以隨興擺放，一定要設法找到能夠招財、改善人際關係，對升遷、加薪有幫助的吉位。

下列所論述的各種情況，在辦公室中並非吉位，故應加以規避、改善，使能趨吉避凶。

（1）不可臨空。座位不可以為臨空，意即背後不得靠窗，如此必會損及財運，座位後面宜為整面厚牆，免得有人從背後進出，而心理上老是無法寧靜，甚至於氣場亦難於聚氣。

**DIY紓解法：**

在現代化的辦公大樓裡面，背面很可能是玻璃帷幕，安全上無虞，祇要在背後靠窗的地方，放置矮櫃，上面擺放仙人掌等常綠盆栽，如有窗簾，最好把它拉上，則亦不失為好風水。

（2）切記，座位背後絕對不可以為門，此乃最大的禁忌。

（3）不得為走廊。座位背後不能是走廊，否則就沒有靠山，工作總是不專心而難於順遂，不僅與同事是非多，同時下屬也不聽從指揮，工作遂成獨力支撐。

**DIY紓解法：**

可以在座位背後放置一座紫水晶洞，做為靠山，即得以改善。

**（4）尖角沖射**

如果座椅背後有凸出的尖角，此為尖角沖射，很容易招致小人惹是非，甚或眾叛親離，官防不斷。

**DIY紓解法：**

在辦公桌左右兩邊擺放白水晶簇，再加上一顆水晶圓球即可化解。

**（5）辦公桌不對門、梯**

辦公桌不可對著門或電梯門或升降梯，旨因門為朱雀，朱雀開口是非必多，每當同事有「是非」「你」先知，兩舌是非困擾不絕，工作亦難以持久。

**DIY紓解法：**

1、為了招來好運，擋住煞氣，減少小人來犯，可在桌子前面放一盆闊葉植物，即可諸事ＯＫ了。

2、可以掛個水晶球或用屏風加以擋住。

## （6）莫近穢氣

辦公桌不可以對著茶水間或洗手間，也不可以位在水溝或化糞池的上方，因為這些地方都會產生穢氣、臭氣、濕氣，果不然財運必定會大受影響。

辦公桌如果有上述這些情況，工作效率會差，無心在此工作，決策容易出錯，職務可能會經常更動，人際關係也大受影響。

**DIY紓解法：**

1、擺放大型有香味的盆栽。

2、在座位下面擺滿黃色地墊，並在地上平均放置36枚五帝錢。

## （7）走廊直沖

意即走廊的末端為一間辦公室或辦公桌，形成直沖煞氣，倘如走廊上有很多人來往，則會加深這股煞氣的威力，遇到這種情況，很容易受到同事排擠，而顯得孤立，甚或會捲鋪蓋走人。

**DIY紓解法：**

可以在走廊末端（盡頭）放置白晶簇，即得出煞。

## （8）牆角裸露

辦公室內如果到處都可看到裸露牆角，因每一個牆角彷彿似一把利刃，故而尖銳的氣場會影響同事的感情，兩舌是非紛擾不絕，更缺乏耐心，個性急躁不寧。

**DIY紓解法：**

可以在牆角邊放上水晶圓球，以做為招福的氣擋煞，化解尖銳的煞氣，減少兩舌是非。

一般上，辦公室如果能避開上述這些禁忌的話，則必為舒宜的辦公場所，使得在這裡上班的員工，個個必得身心愉快，諸事順遂，加薪有望，升遷可期了。

至於大總舵老闆的辦公桌，必須放置在最重要的方位上，但不可在白虎方。如能配合老闆八字，再選擇生氣方，獨立成一間辦公室，則必能與氣場、磁場相輔相成，對企業始有自然的助力，裨益也才大。

而公司掌管會計、財務部門，較具隱密性，宜單獨一間，並與老闆相鄰。有關人員的座位不可與大門相對，此為犯沖，會諸事不順，身體欠佳。

座位上方不可有橫樑壓頂，不可面對廁所的門，也不可排成U字型而主管坐在頂端，此為一箭穿心煞，非常不吉。正常的話，辦公桌應擺在人坐下時，門在其左前方的位置。

**5．櫃台設計**

櫃台（又稱收銀台）乃是公司、行號錢財進出的地方，按理收銀機適宜設在不動方，即虎邊，如此才能守住進賬的錢財。

如設於流動性大的龍邊，則難於守住錢財。高者不可攀，低者似乎又欠缺安全。

櫃台後方不可為通道，必須為牆壁，其高度要適中，過高過低兩不宜，高度以適合文公尺上的126或108公分為最佳。至於存放大錢的保險櫃，應擺在比較隱密的地方，否則會有漏財之虞。

餐飲業進門櫃台旁，不宜設置水龍頭和洗手槽，以免漏財。櫃台內不能放置電爐、咖啡壺等電器用品，以避免發生火災時，波及現金及帳簿等資料。

**6．廚櫃、桌椅不宜金屬製品**

現代的辦公室，裡面的廚櫃、桌椅大多數都是金屬製品，而且3C製品也充斥整個室內，導致金屬製品特別多，這是很不好的現象。辦公桌的高度以二、一台尺或二、八台尺為最佳。

旨因金屬製品容易導電並感應磁場，搞得室內氣場、磁場變得很雜很亂，容易干擾我們的腦波，無形中就會影響到決策之品質。

職是之故，辦公室應盡量使用木製辦公桌椅，要不然高階主管、老闆辦公室內的桌椅最好使用實木製品，不僅格調高雅，而且有益身體健康。

**7・慎選擺放飾物**

一般辦公室內為求能趨吉避凶，或美觀起見，都會有一些吉祥擺飾，但應配合身分，也不可以亂擺，果不然會招致一些難於收拾的後果。

室內可以擺上一些常綠的植物，如萬年青、金錢樹等盆栽，或掛一些國畫、字畫，以及一些吉祥品，如松、竹、金桔、牡丹、金魚、飛鷹、奔馬以及太極圖等。尤其應該注意寶劍、刀叉及石雕等類飾物，不宜大肆擺放。

## 第三節 行業相生互剋

常言文人相輕，自古亦然，但行業群聚，則可相得益彰，此則兩者最大之差異。一般上同屬性的行業聚集在同一環境中，非但不會相互排擠，甚且還會互利共生。

我們日常生活中，所必需的一些用品，如能自成專區，則會給消費者帶來莫大的方便。因此，在國內各大都會區中，常會見到補習班街（台北市南陽街）、南北雜貨街（台北市迪化街）、服飾街（台北萬華、台中市天津街、台中縣沙鹿鎮鹿寮）、小吃街（基隆廟口、台北市士林夜市、新竹城隍廟口、高雄市六合夜市街）、書店街、家具街、銀樓珠寶街、眼鏡街（台中市育才街）、電子街（台中市繼光街）等，這些地區每天車水馬龍，萬頭鑽動，好不熱鬧，商家更是財源滾滾，日進斗金。

其他如國內非常盛行的蔬菜專業區，苗栗大湖草莓專業區，新竹、中部及南部科學園區，以及新興的新竹、屏東生技園區等，行業如果屬性相同時，聚氣則會更旺，磁場更加倍增，而有互利相生之優點。

話雖如此，不過有一些行業，如屬性互異而相聚，不但沒有加分的效果，反而會互生相剋，有減分的疑慮。因此，各行各業在選擇鄰居時，應師法良禽擇木而棲，以期能增加企業成功之機率。

茲為增進各行業對本身屬性與鄰居屬性相生或互剋之了解，以及開運吉利方位特加彙述如下：

**1・屬金行業：**

如金融證券業、金銀珠寶業、鐘錶業、五金業、汽車業、電子業、外科、牙科、警察、保全、武術及科學家等。

・相生鄰居屬性：金、土。

・互剋鄰居屬性：水、火。

・開運吉利方位：乾（西北）方、兌（正西）方。

**2・屬木行業：**

如公務人員、教育事業、文化出版業、打字印刷業、中西藥房（鋪）、木製家具製造業、宗教業以及花卉園藝店等。

・相生鄰居屬性：木、水。

・互剋鄰居屬性：金、火。

・開運吉利方位：震（正東）方、巽（東南）方。

### 3．屬水行業：

如議員、律師、仲介業、一般醫護人員、傳播媒體記者業、演藝娛樂業、運輸交通業、設計人員、買賣零售業及進出口貿易等。

·相生鄰居屬性：金、水。
·互剋鄰居屬性：木、土。
·開運吉利方位：坎（正北）方。

### 4．屬火行業：

如餐飲小吃業、食品加工業、化妝美容美髮業、瓦斯燃料業、照明燈具業及手工藝品業等。

·相生鄰居屬性：木、火。
·互剋鄰居屬性：水、土。
·開運吉利方位：離（正南）方。

**5・屬土行業：**

如皮膚科、地政士、稅務業、農業、倉儲業、育樂遊樂區、建材業、建築營造業、書法畫廊藝品業及喪葬業等。

・相生鄰居屬性：火、土。

・互剋鄰居屬性：金、木。

・開運吉利方位：艮（東北）方、坤（西南）方。

總而言之，統而言之，任何行業剛創立時，如果能選對鄰居的屬性，則對本身的企業必具有加分的效果，從而財源必能廣進，企業也才得以永續經營。

# 跋

吾嘗夜以繼日，不眠不休，為撰述本書費盡心力，歷經數個寒暑，終得如願。冀望「它」能為殷望者提供最佳助益，紓（釋）解宅樓沖煞凶相，邁入當旺吉利之坦途；凡人猶可增進見識，對爾後家居生活當有莫大裨益。

際此拙著草成，付梓之際，爰芻數議，用資惕勵來茲，毋怠莫懈，賡續服務社稷略盡棉薄。

最後，謹以下列十二個字與讀者共勉之：

空非空　得無得

持善心　恆納福

作者寫於己丑年孟夏

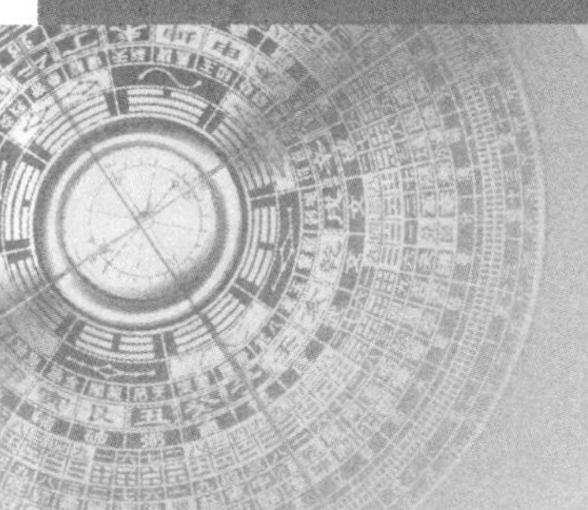

# 附錄

# 一、九星論斷

在九星當中，六煞星（文曲水）必須折損一人；五鬼星（廉貞火）當年會有火災；禍害星（祿存土）對陰陽兩不利；絕命星（破軍金）人口會邅屯；天醫星（巨門土）廣進萬箱米；延年星（武曲金）安樂無災快；生氣星（貪狼木）百事順遂，兒孫富貴世無匹。各星有關的論斷彙列如下：

## （一）貪狼星不宜乾兌宮

貪狼為木星，乾兌為金宮，若貪狼星入乾兌宮，是木在上，而金在下，為宮剋星，主人財兩耗。

經曰：「貪狼星若入乾兌宮，則必長子先死，老公繼亡，家中財寶無人掌管，寡婦夜夜守空房。」

## （二）巨祿星不宜震巽宮

巨祿（巨門祿存）為土星、震巽為木宮，若巨祿星入震巽宮，則土在上，而木在下，為宮剋星，主人財兩耗。

經曰：「巨祿若入震巽宮，先傷財物、後則傷人，巨門到震，長男死；祿存到巽主損陰宮。」

**（三）文曲星不宜坤艮宮**

文曲為水星、坤艮為土宮、文曲星入坤艮宮，則水在上，而土在下，為宮剋星，主傷財物。

經曰：「文曲若入坤艮宮，主傷婦女，有水性好蕩傾向；入艮必主死少男（艮屬少男）；入坤必然損婦女。」

**（四）廉貞星不宜坎宮**

廉貞為火星、坎為水宮、火星入水宮，火在上，而水在下，為宮剋星，主婦人不利。

經曰：「坎鬼投河奔井傷或時遊蕩（水性漂流）走他鄉，男兒多主雙目瞽（凡火被水剋皆然），婦女必定產後亡（離為中女）。」

**（五）武破星不宜中女宮**

中女乃離火，武曲破軍為金星，武曲破軍星入離火，為火所制，主人亡財散。

經曰：「武破若入離宮火，主傷財物，定家破；武曲入離，男子死；破軍入離，女損花。」

**（六）貪狼星不入坤艮宮**

貪狼為木星，坤艮為土宮，木星入土宮，則木在上，而土在下，為星剋宮，主財務漸退。

經曰：「坤宮木剋，陰入厄；艮宮木剋，子孫稀。更兼殘疾、黃腫病，太歲加臨定禍危。」

**（七）巨門星不入坎水宮**

巨門為土星，坎為水宮，土入坎宮，土在上，而水在下，為星剋宮，家業凋零，子孫亡散。

經曰：「巨門入坎傷夫主，祿存入坎滅兒郎。更有浮黃、眼疾病，常招盜賊。」

**（八）文曲星不入離火宮**

文曲為水星，離為火宮，文曲入於離宮，水在上，而土在下，為星剋宮，官司口舌，人畜災害。

經曰：「離宮最忌文曲水，三妻四妾必無疑，生女三四方能養，生男可育定然期。」

**（九）廉貞星不入乾兌宮**

廉貞為火星，乾兌為金宮，廉貞入於金宮，為火在上，而金在下，為星剋宮，官司刑陷，血光橫死。

經曰：「五鬼入乾夫逝早，火臨兌位婦先亡。更兼傷明及火燭，寅午戌年定遭殃。」

## （十）武破星不入震巽宮

武曲破軍為金星，震巽為木宮，武曲破軍入於木宮，為金在上，而木在下，為星剋宮，疾病疼痛，男多凶死。

經曰：「金巽母亡兼長婦，陰衰陽旺子孫顛；震宮金剋，主傷夫、房中寡婦受熬煎。」

在宮星相剋中，固然是不吉，然亦有宮星相生而反凶者，譬如震巽逢文曲，這種相生，男子多浮華不實，中年方可成家，此乃水浮木泛之故也。又如乾兌若逢文曲之相生，男子多主遊蕩，以金生水而水旺之故。

經曰：「宮星比和，凡事皆吉，然文曲入坎，五鬼入離，又主不利，其因在於水性好蕩又居坎宮，財源何由得聚？火性本烈，況居離宮，禍孽焉能不生？是以水火不宜生旺亦即就在此。」

## 二、門位與財、旺位、忌設廁所方位對照表

| 門位 | 財位 | 旺位 | 忌設廁所方位 |
|---|---|---|---|
| 乾（西北） | 震（東）、離（南） | 坤（西南） | 中央 |
| 坎（北） | 震（東）、坤（西南） | 離（南）、艮（東北） | 離（南） |
| 艮（東北） | 巽（東南） | 震（東） | 兌（西） |
| 震（東） | 坎（北）、坤（西南） | 離（南）、乾（西北） | 坤（西南） |
| 巽（東南） | 震（東）、坤（西南） | 兌（西）、坎（北） | 震（東） |
| 離（南） | 巽（東南） | 坤（西南）、坎（北） | 艮（東北） |
| 坤（西南） | 兌（西） | 乾（西北） | 坎（北） |
| 兌（西） | 巽（東南）、坎（北） | 震（東） | 乾（西北） |

註：門位如為公寓大樓，係指自家大門的方位，而非整棟大樓大門的方位。

# 三、生肖與住宅、辦公桌財運吉方表

本財運吉方表以民國出生年度標出，而以生肖予以分類，以方便讀者查用。

**1．生肖鼠**

住宅吉方：坐北向南、坐東向西、坐西向東。

辦公桌吉方：25年出生坐正西財神方、37年出生坐正北財神方、49年出生坐正東財神方、61年出生坐正東南財神方、73年出生坐東南財神方。

**2．生肖牛**

住宅吉方：坐北向南、坐南向北、坐西向東。

辦公桌吉方：26年出生坐正西財神方、38年出生坐正北財神方、50年出生坐東北財神方、62年出生坐正南財神方、74年出生坐東南財神方。

**3．生肖虎**

住宅吉方：坐南向北、坐東向西、坐西向東。

辦公桌吉方：27年出生坐正東財神方、39年出生坐正東財神方、51年出生坐正南財神方、63年出生坐東南財神方、75年出生坐正西財神方。

**4．生肖兔**

住宅吉方：坐東向西、坐南向北、坐北向南。

辦公桌吉方：28年出生坐正北財神方、40年出生坐正東財神方、52年出生坐正南財神方、64年出生坐東南財神方、76年出生坐西南財神方。

**5．生肖龍**

住宅吉方：坐東向西、坐西向東、坐北向南。

辦公桌吉方：29年出生坐正東財神方、41年出生坐東南財神方、53年出生坐東財神方、65年出生坐正北財神方、77年出生坐正北財神方。

**6．生肖蛇**

住宅吉方：坐南向北、坐北向南。

辦公桌吉方：30年出生坐正東財神方、42年出生坐正南財神方、54年出生坐東南財神方、66年出生坐正西財神方、78年出生坐正北財神方。

**7・生肖馬**

住宅吉方：坐東向西、坐西向東、坐南向北。

辦公桌吉方：31年出生坐正南財神方、43年出生坐東南財神方、55年出生坐正西財神方、67年出生坐正北財神方、79年出生坐正東財神方。

**8・生肖羊**

住宅吉方：坐東向西、坐北向南、坐南向北。

辦公桌吉方：20年出生坐正南財神方、32年出生坐正南財神方、44年出生坐東南財神方、56年出生坐西北財神方、68年出生坐正北財神方、80年出生坐正南財神方。

**9・生肖猴**

住宅吉方：坐東向西、坐西向東、坐北向南。

辦公桌吉方：21年出生坐東南財神方、33年出生坐東南財神方、45年出生坐正西財神方、57年出生坐正北財神方、69年出生坐正東財神方、81年出生坐東南財神方。

**10・生肖雞**

住宅吉方：坐南向北、坐北向南、坐西向東。

辦公桌吉方：22年出生坐正南財神方、34年出生坐東南財神方、46年出生坐正西財神方、58年出生坐正北財神方、70年出生坐東南財神方、82年出生坐正南財神方。

**11・生肖狗**

住宅吉方：坐南向北、坐東向西、坐西向東。

辦公桌吉方：23年出生坐東南財神方、35年出生坐正西財神方、47年出生坐正北財神方、59年出生坐東南財神方、71年出生坐正南財神方、83年出生坐正南財神方。

**12・生肖豬**

住宅吉方：坐南向北、坐北向南、坐東向西。

辦公桌吉方：24年出生坐東南財神方、36年出生坐西北財神方、48年出生坐正北財神

方、60年出生坐正東財神方、72年出生坐正南財神方、84年出生坐東南財神方。

如：某甲係民國27年出生，生肖虎，由前表「生肖與財運吉方表」中得知其宅樓吉方位為：坐南向北、坐東向西、坐西向東三種。若購買這三種坐向中之一時，即為合適的宅樓。

# 四、東西四命卦表

本東西四命卦表以依民國出生年度的不同，將男、女性命卦，區分為東四命與西四命各四種，特彙列如下：

## （一）東四命卦表

**1．坎卦**

男性：16、25、34、43、52、61、70、79年出生。

女性：12、21、30、39、48、57、66、75年出生。

**2．離卦**

男性：17、26、35、44、53、62、71、80年出生。

女性：11、20、29、38、47、56、65、74年出生。

**3．震卦**

男性：14、23、32、41、50、59、68、77年出生。

女性：14、23、32、41、50、59、68、77年出生。

**4．巽卦**

男性：13、22、31、40、49、58、67、76年出生。

女性：15、24、33、42、51、60、69、78年出生。

## （二）西四命卦表

**5．乾卦**

男性：11、20、29、38、47、56、65、74、83年出生。

女性：17、26、35、44、53、62、71、80年出生。

**6．坤卦**

男性：12、21、30、39、48、57、66、75、84年出生。

女性：13、22、31、40、49、58、67、76年出生。

**7・艮卦**

男性：18、27、36、45、54、63、72、81年出生。

女性：10、19、28、37、46、55、64、73、82年出生。

**8・兌卦**

男性：10、19、28、37、46、55、64、73、82年出生。

女性：18、27、36、45、54、63、72、81年出生。

在知道自己的命卦之後，接著配合下列吉方與凶方，再將宅樓內部作適當的規劃。

## （一）東四命的人

**1・吉方位：正南、正北、正東、東南。**

**2・凶方位：正西、西北、西南東北。**

## （二）西四命的人

**1．吉方位：正西、西南、西北、東北。**

**2．凶方位：正南、正北、正東、東南。**

規劃宅樓內部時，係使用九宮格方式，將宅樓畫分成九個區域。至於吉、凶方位適合設置或擺放的設施、物品，則分列如下：

**1．吉方位：門向、門位、床位、瓦斯爐爐向等。**

**2．凶方位：衛浴設備、爐位等。**

如：某甲係民國27年出生，生肖虎，由前表「生肖與財運吉方表」中得知其宅樓吉方位為：

坐南向北、坐東向西、坐西向東三種。若購買這三種坐向中之一時，即為合適的宅樓。

# 五、小秘方

1．利尿：使用七隻生香蕉皮併加三碗水煎到七分時，飲用數次即可。

2．治內痔及腸病：使用少許含羞草的根部煎水，飲用數次即可。

3．治喉嚨痛：把乾的林投葉燒成灰燼，將其吹散在喉嚨上，數次後即可OK。

4．治療骨刺：使用少許黑面馬草藥用手加以揉軟後，敷在長骨刺的地方五分鐘，數次後即可OK。

5．治療肝病：以尾巷草燉豬排骨服用，可治療肝病、肝癌等宿疾。

6．治療肺癌：以蜈蚣草燉豬排骨服用，可以治療肺癌宿疾。

7．避邪：到醫院探訪病人時，可以用右手手指在左手手方心上寫上「佛」字後，即可相安無事。

8．喪事：遇有喪事時可在口中默念「南無阿彌陀佛」，即可逢凶化吉。

9．祭煞咒語：口唸「唵嘛呢叭彌吽」，並使用第二次洗米水在屋內到處噴撒，即可收驅邪之效果。

# 六、參考書目

1．王道亨編輯：羅經透解。台北：竹林1981，12。
2．李昭穎著：好宅運打造你的富貴命。台北：蘋果屋2008，8。
3．呂淳風著：商用風水學。台北：實學社1995，9。
4．郭泰著：怎樣看懂黃曆。台北：生產力1995，8。
5．國豐文化編輯部：龍穴風水好陽宅。台北：國文化1911，11。
6．梵翔齋主著：學習陽宅第一課。台北：知青頻道2007，9。
7．黃恆堉、林錄洲著：學奇門遁甲這本最好用。台北：知青頻道2008，8。
8．智揚編輯：奇門易經。台北：智揚1993，8。
9．智善子著：黃道擇日大全。台北：竹林1993，5。
10．雷鼓編輯：住的藝術。台北：雷鼓1993，7。
11．鄭雅匀著：陽宅好風水。台北：知青頻道2008，8。
12．董易林著：居家風水開運術。台北：漢湘2008，10。
13．潛龍居士編著：卜卦初步。台北：泉源1993，12。
14．龍德居士編著：陽宅風水。台北：泉源1993，9。

國家圖書館出版品預行編目資料

史上最好學又好用的陽宅學／葉民松著.
－－第一版－－臺北市：知青頻道出版；
紅螞蟻圖書發行，2010.11
面　　公分－－（Easy Quick；106）
ISBN 978-986-6276-38-5（平裝）

1.相宅

294.1　　　　99020344

Easy Quick 106

史上最好學又好用的陽宅學

編　　著／葉民松
美術構成／Chris' office
校　　對／楊安妮、周英嬌、葉民松
發 行 人／賴秀珍
榮譽總監／張錦基
總 編 輯／何南輝
出　　版／知青頻道出版有限公司
發　　行／紅螞蟻圖書有限公司
地　　址／台北市內湖區舊宗路二段121巷28號4F
網　　站／www.e-redant.com
郵撥帳號／1604621-1　紅螞蟻圖書有限公司
電　　話／(02)2795-3656（代表號）
傳　　真／(02)2795-4100
登 記 證／局版北市業字第796號
港澳總經銷／和平圖書有限公司
地　　址／香港柴灣嘉業街12號百樂門大廈17F
電　　話／(852)2804-6687
法律顧問／許晏賓律師
印 刷 廠／鴻運彩色印刷有限公司
出版日期／2010年11月　第一版第一刷

定價 320 元　港幣 107 元


ISBN 978-986-6276-38-5　　Printed in Taiwan